Gabriele Wohmann

Eine gewisse Zuversicht

Gabriele Wohmann

Eine gewisse Zuversicht

*Gedanken zum Diesseits, Jenseits
und dem lieben Gott*

KREUZ

MIX
Papier aus verantwor-
tungsvollen Quellen
FSC® C106847

© KREUZ VERLAG
in der Verlag Herder GmbH, Freiburg im Breisgau 2012
Alle Rechte vorbehalten
www.kreuz-verlag.de

Satz: de·te·pe, Aalen
Herstellung: fgb · freiburger graphische betriebe
www.fgb.de

Printed in Germany

ISBN 978-3-451-61064-6

Inhalt

Zum Geleit

»Wie kann, darf, sollte ein Mensch in unserer Zeit Christ sein?« Zaudernd und zugleich pragmatisch duckt die Frage sich vor der prinzipiellen Entscheidung: Nehme ich das Geschenk an, das die Freiheit selber ist, den Glauben an Gott? Jedes zeitbezogene Zögern zwingt Gottes Zusage an den Menschen auf eine kläglich-bodenständige Plattform herunter, als handle es sich um eine Clubmitgliedschaft mit beliebiger Funktion.

In geänderten Zeiten ändern sich zwar die Beziehungen des Menschen zu Gott – Gott aber ändert sich nicht. Im gleichfalls unveränderten Evangelium verscheucht den »Geist der Feigheit« die unveränderliche Verkündigung. Mit Gottes Treue könnte also nur des Menschen Vertrauen konkurrieren, unbehindert von aktuellen Unschlüssigkeiten.

Trends unterworfen ist der Glaube nicht. Entweder – oder. Gab es etwa Zeiten, in denen Gott leichter verstanden werden konnte? Was ist speziell heute so fraglich an Christi Zusicherung: »In der Welt habt ihr Angst, aber seid getrost, ich habe die Welt überwunden«?

Das Lesen in der Bibel verhilft zu zahllosen Imperativen gegen die uns einwohnende Angst. Insofern müsste der unermessliche Nutzwert aufscheinen, ein Christ zu sein! Ein Christ ist jemand, in welcher Zeit auch immer, zunächst sich selber zuliebe. Denn Gott profitiert ja nicht von des Menschen Gläubigkeit, nicht er braucht uns, wir aber brauchen nichts dringender als ihn.

Voraussetzungen für solche Erfahrungen sind zuallererst Eltern, die ihrem Kind die wichtigste Empfindungsmöglichkeit seiner zukünftigen Biografie nicht vorenthalten. Kierkegaard notiert: »Der beste Beweis für die Unsterblichkeit der Seele, dafür, dass es einen Gott gibt usw., ist eigentlich der Eindruck, den man davon in seiner Kindheit empfängt, also der Beweis, ... das ist ganz sicher, denn mein Vater hat es mir gesagt.« Die ganze Schöpfung liegt in Angst und sehnt sich nach Erlösung. Angst hat auch der Christ. Karl Barth erinnert ihn an seine Berufung zu beten. Im Gebet, das weder »schön« noch »fromm« sein muss, sondern von der Angst besetzt sein darf, antizipiert der Christ seine Befreiung von der Angst, der Gottes Autorität die Grenze setzt.

Jetzt dürfen wir aber nicht folgern: Aha, ein Christ zu sein, das bietet Annehmlichkeiten, ist die Idealtherapie. Zuvor müssen wir lernen, worum es sich handelt. Das Herauspicken begünstigender Zitate genügt nicht. Wir sollten uns täglich anstrengen, und unser Fleiß wird Folgen haben. Was nach innen gekehrt ist, muss nach außen treten, wirksam werden. Mutprobe? Heute noch?

Ich denke an die gefährdeten Berufsjahre meines Vaters, der im Widerstand gegen das Naziregime als Pfarrer einen christlichen Schwesternverband leitete: Das war schlimmer als nur unbequem und nicht bloß Privatsinngebung – die schöne »Sehnsucht nach Gott«: Kierkegaard –, sondern darüber hinaus christliche Praxis, Glaubenskampf in der Nächstenliebe, bespitzelt von Gegnern.

Der Christ hat deutlich umrissene Aufgaben, die ihm Jesus selber formuliert hat. Ein Alibi-Christsein, vereinfacht zur Ersatzhumanität, drückt sich vor dem Ursprung der Lehre, und der Name Gottes ist ihm peinlich. Jemand kann ein »guter Mensch« sein, doch ist er darum noch kein Christ, dem nämlich Gott Ausgangspunkt und Ziel ist, der sich vor Gott als »unnützen Diener« kennt, wodurch es überhaupt erst zu seinen Anstrengungen kommt. Mit todesbewusstem, ewigkeitsverlangendem Ernst probt er den Gehorsam gegenüber Gottes Geboten, lebenslänglich. Seinen engsten Umkreis überspringt er nicht.

Erst aus der Freude meines Allernächsten, die ich ihm gemacht habe und die zuerst nur seine Freude war, entsteht meine eigene Freude. Befangen in eigenen Interessen, Wünschen, auch Egoismen, wird eben diese Ausstrahlung der Freude von uns viel zu wenig bedacht. Dabei kann das Gleichnis vom verlorenen Sohn heute jeden Tag in unseren Handlungen wiederholt werden.

Ein Letztes zur Gnade, ein Christ sein zu dürfen: Wenn ich scheitere, immer wieder nicht genüge, und dann nicht an Gottes Vergebung glaube, dann, so Kierkegaard, »ärgere« ich Gott. »So wie ein Vater seine Kinder liebt ...«: nachlesen! Eine schönere Liebesgeschichte ist nirgendwo zu entdecken.

Der Vater meines Vaters

Wer war er, der Vater meines Vaters, mein Großvater Johannes Guyot? Im schwarzgerahmten Nachruf auf ihn, 5. Jahrgang 1910, *Neue Evangelische Blätter*, Organ der »Freien Landeskirchlichen Vereinigung für das Großherzogtum Hessen«, lese ich:»Am 2. Juni, abends 7 1/2 Uhr, ist der Begründer und erste Leiter der Freien Landeskirchlichen Vereinigung, D. Johannes Guyot, Pfarrer in Heppenheim a. d. B., nach kurzem Krankenlager im noch nicht vollendeten 49. Lebensjahr uns jählings entrissen worden. Noch zwei Tage vorher hatte er mit Frau und Freunden in gehobener Stimmung einen mehrstündigen Ausflug unternommen und dabei die Absicht ausgesprochen, am nächsten Tag einer Vorstandssitzung des Hessischen Diakonievereins beizuwohnen. Abends nach der Heimkehr hatte er noch Besuch empfangen, dann setzte gegen 10 Uhr ein Schüttelfrost ein, am nächsten Tag trat eine Gallenentzündung, am darauffolgenden ein heftiges Cerebralfieber hinzu, und der schwerkranke Körper unterlag unaufhaltsamer Auflösung. Er hatte es längst gewusst, dass seine Lebensbahn nur noch kurz bemessen sei und eines Tages plötzlich abbrechen werde …« Weiter ist dort von »klaglosem Leiden«, heiterer »Fassung« und »Gottergebenheit« die Rede, auch vom 25-jährigen Amtsjubiläum des Vorjahrs und der ihm dargebrachten »innigen Verehrung«.

Schon aus diesen paar Zeilen habe ich etwas über ihn dazugelernt, noch ein Amt, eine Gründung: Von der Freien Landeskirchlichen Vereinigung habe ich bisher nichts gewusst. Nur sehr fragmentarisch konnte ich Fragen nach ihm beantworten: Pfarrer in Heppenheim, davor in Darmstadt, Johannes-Gemeinde, Gründer des Hessischen Diakonievereins, er wurde nur so alt wie Anton P. Tschechow. Höchste Zeit für die Aufgabe, über ihn zu sprechen, zu einer retrospektiven Zeitreise aufzubrechen. Schon der kleine liebevolle altertümliche Nachruf hat meine Neugier zu Recherchen inspiriert.

Aber auch jetzt mit gründlichem Bescheidwissen habe ich ihn als den Menschen, der er inmitten seiner unermüdlichen vielseitigen Aktivitäten privat war, nicht kennengelernt. Bis auf etwas äußerst Sympathisches: Bei der nachgeholten Suche nach ihm bin ich auf seine leidenschaftlichen Plädoyers für die Toleranz gestoßen. Zwar geht es in den Aufzeichnungen von damals um ihn als den Mann in seinem Beruf, doch gleichzeitig erfahre ich damit viel über sein Naturell. Toleranz und deren Vermittlung, Inspiration, Ideenreichtum, Engagement und Wille, sie ließen ihn, instabiler Gesundheit zum Trotz, in seinem kurzen Leben so erstaunlich vieles, und das mit in die Zukunft reichender Nachwirkung, vollbringen.

Wer aber war er als der Vater seiner fünf Kinder? Hatte er Humor und viele Interessen neben der Theologie wie mein Vater, und war er nicht streng und ein Freund der Kinder wie er, den Kinderunglück, klein und vorübergehend, noch unglücklicher machte als das Kind (für das nur er den idealen Trost wusste)? Wie war er als Mann seiner Frau? Sie, meine Großmutter, kenne ich besser, von ihr kann ich mir ein Bild machen. Es ist überliefert von meiner Mutter, der zwar unser mit uns selbst beschäftigter Kinder-Egoismus keine Chance gab (so wenig wie meinem Vater), in zusammenhängenden Geschichten von ihr zu erzählen, aber das Wenige und überhaupt nicht Geringfügige über sie wirkte intensiv, und meine Phantasie ergänzte es zur Gesamterscheinung einer ungewöhnlichen Frau mit charismatischer Ausstrahlung. Es spricht für die Gutartigkeit meiner Mutter, immerhin eine *Schwiegertochter*, die eine *Schwiegermutter* neidlos rühmte, also gar nichts Selbstverständliches tat, wenn sie oft voll dankbarer Bewunderung anlasslos mitten im gewöhnlichen Alltag schwärmte: Was für eine gütige, liebevolle, wunderbare Frau eure Großmutter doch war! Sie hatte sie erst als Witwe kennengelernt, ihren Mann konnte sie uns deshalb nicht charakterisieren. Mein Vater wird zu diskret gewesen

11

sein und auch mit seinem Sinn für Kinder verstanden haben, dass die, vertieft in ihre Gegenwartsangelegenheiten des eigenen kleinen wichtigen Lebens, nicht rufen würden: Erzählt doch! Erzählt von euren Eltern! Wie waren die Vorfahren? Vater, sprich von deinem Vater!

Nach all dem, was ich jetzt von ihm weiß, hätte mein Vater das sicher getan. Mein ältester Bruder, traditionsbewusster als ich, allerdings auch erst später in seiner Biografie, hat sich auf die Spuren des Großvaters gesetzt, unter anderem dessen Reise nach Pragela in den provençalischen Waldenser-Tälern wiederholt, von wo aus in der Hugenotten-Zeit auch unsere protestierenden Ahnen in sichere Regionen emigrierten, unsere Guyots nach Hessen, und er hat in einer dicken Dokumentenmappe alles gesammelt, was er an Gedrucktem über Jean Guyot, wie er damals genannt wurde, auftreiben konnte. Wegen meiner vielen Kenntnislücken fühle ich mich mit diesem Faktenmaterial an meinem Schreibplatz sicher.

Mein Versäumen der Erzählt-doch-Bitten an die Eltern, immerhin Hauptpersonen vom ersten Lebensmoment an, es macht mir kein schlechtes Gewissen: Ich halte mich an die vom Großvater vererbte Toleranz. Und seit wir uns in der überhaupt nicht das Denken erleichternden Ära der genomdechiffrierten Bioethik und -politik befinden, könnten wir ja zu Dreivierteln das an uns, womit wir nicht ganz einverstanden sind, das Defizitäre, plötzlich wie einen Gewissensschutz *genetisch* nennen. Aber nein, ausgerechnet von diesem Großvater kann ich mein unzulängliches Interesse an den biografischen Wurzeln nicht geerbt haben. Er hat, im Gegensatz zu mir, die existenziellen Fragen »Woher komme ich, wohin gehe ich« nicht nur transzendierend, sondern ganz konkret irdisch gestellt und auch beantwortet. Als er schon aus seiner Traditionsbeeinflussung in seine theologische Zukunft blickte, hat *mich*, auf meine Kinderart auch zukünftig, auch theologisch, die einschüchternde Vergänglichkeit beschäftigt, denn habe ich nicht, ohne mir dessen bewusst zu sein, doch unterschwellig nach ihm und nach

Gott gefragt, wenn die Zirkusvorstellung, die Theateraufführung gerade erst begonnen hatten (und damit der Glückszustand): Wie lang dauert es denn noch? Ist es auch nicht schon bald vorbei? Ich weiß nicht, wie er als Kind war, mein Vater konnte es, selbst noch ein Kind bei seinem Tod, nicht wissen. Ich weiß aber, dass Jean, das Kind, in seiner Dorfgemeinde mit ihren drei verschiedenen Konfessionen Zerstrittenheit erlebte, wodurch er den Wert der Toleranz erkannte.

Während ich als Kind mich in der Außenwelt Nazizeit im Pfarrhaus wie in einem Widerstandsnest sicher genug für Kritik und Rebellion unter anderem gegen die Intoleranz fühlte. Der Lehrstoff unterschied sich, das Lernziel, in Wahrheit unsere Veranlagung, war das gleiche. Der bis jetzt ferne Großvater und die charismatische Großmutter rücken mir näher. Vor allem durch das in jeder Lebensminute nützliche, in seiner Vereinfachung unübertreffliche Glaubensbekenntnis des Sören Kierkegaard, das den komplizierten Stoff zusammenfasst: »Ich glaube, weil mein Vater es mir gesagt hat.« Wenn ich wiederum Toleranz als Erbe unterstelle, dann ging es Jean bei seinem Vater wie mir mit meinem, der »es« mir nicht in kinderermüdenden Belehrungen, sondern durch sein Wesen, durch die liebevolle sanftmütige Art und Weise, in der er mit uns umging, »gesagt hat«, gleichberechtigt zusammen mit seiner Frau, meiner Mutter, die trotzdem, wenn auch nicht in Demutshaltung, zu ihm aufblickte: Sie tat es aus Liebe. Und deren Klima war es, die mit lebenslänglicher Nachwirkung zwischen Gott und uns vermittelt hat. In der Kindheit war uns diese höchste Instanz, als der *liebe* Gott fast familiär, unüberdacht vollkommen selbstverständlich. Und genau so selbstverständlich, obwohl das Fundament, in dem mein Großvater gewiss ein Baustein ist, nicht wankte, wurde mit dem Erwachsensein das Aufrechterhalten des Himmelspakts schwieriger: Der Zweifel mischt sich ein, ihm muss, täglicher Bemühungsprozess, widersprochen werden.

Von jeher schien mein Vater mir so einmalig und von niemandem zu übertreffen, dass ich mir meinen Großvater nicht wie ihn vorstellen kann. Ich weiß nicht, ob auch er ein Familienmensch war: Für meine Mutter, für uns Kinder wäre mein Vater durchs Feuer gegangen. Ob er Humor hatte? Gern mit seinen Kindern spazieren ging, wie mein Vater mit uns Kindern (die wir, so lang er lebte, für ihn blieben), Goethe zitierend und unsere verballhornenden Unterbrechungen mit amüsiertem Seufzen sogar genoss? Ob auch sein Vater gemeinsame Ferien organisierte? Gewiss kamen damals noch nicht aufwendige Sommerwochen am Meer vor. Wie viel Zeit wir doch gehabt hätten, die Eltern nach ihrer Vergangenheit auszufragen! Es ist seltsam und fast ungerecht: Je wohliger geborgen, vertrauensvoll zufrieden ein Kind unter der Regie seiner Eltern ganz und gar ein Kind sein kann, in Ruhe gelassen von Gedanken über deren Probleme, desto weniger beschäftigt es sich mit ihnen. Je glücklicher das Kind durch glücksvermittelnde Eltern, desto uninteressierter ist es daran, sie zu erforschen: Es geht ihnen ja gut, sie haben keinen Streit, man muss sich nicht um sie kümmern. Sie sind die pure, erst später beim Nachdenken über sie wunderbare, unwiederholbare Selbstverständlichkeit, wie Komplizen, irdische Vollstrecker dieses selbstverständlichen *lieben* Gottes, von dem sie »gesagt« haben. Ich stelle mir vor, so bedingungslos wurde auch mein Vater als Kind geliebt, nie gekränkt, nie in die Enge getrieben, gestraft, und insofern verwöhnt und nicht auf die Brutalität des Lebens vorbereitet. Oder gerade doch? Es ist paradox: Nichts von den niederzwingenden gewöhnlichen Schrecken des Erwachsenenlebens kann eine gelungene Kindheit auslöschen. Die früh erlebte Liebe stabilisiert. »Das Weiche wird das Harte besiegen«, sagt Dostojewski. Die Erinnerung ist die Basis, und wir leben, indem wir uns erinnern.

Fotografien meiner Vater-Familie: Drei Brüder (verschmitzt lacht mein Vater), zwei Töchter, die Mutter mit ihrem schönen intelligenten Gesicht (ein großes Portrait von ihr und ein kleineres hängen bei mir, auch Landschaftsbilder, die sie selbst mit großem, von der Romantik geprägtem Talent malte) und der Vater rahmen ihre Kinder ein, und der Vater mit randloser

Brille sieht ernst aus, älter als heutige jüngere Männer. Für den ernsten Ausdruck sind vielleicht der dichte Vollbart und das Fotografier-Gesicht verantwortlich. Doch früher als heutzutage begannen ja damals junge Männer ihre Karrieren, und früh vollendete er die seine. Das spiegelt sein kluges, vergeistigtes Gesicht wider, Selbstdisziplin und Energie, die er sich, vielseitig in seinem Beruf, voll Elan und über seine Kräfte hinaus abverlangte.

Auf meinem Schreibtisch hält sein schwarzer Marmorbriefbeschwerer zwischen den aufgeschlagenen Seiten zweier Bücher die Balance, Karl Barth, links, Kierkegaard rechts; die Gravur der ziselierten Initialen, das J. vom G., trennt als Griff ein zwerghuhnformatiges weißliches Marmorei.

Ich stelle mir die Schreibarbeitsszenerie vor, in der dieser Gegenstand meinem Großvater nicht einfach nur nützlich sein sollte, sondern auch eine Anblicksfreude (wie jetzt bei mir, zwei Generationen später), und falls der Briefbeschwerer kein Geschenk war, dann ist mein Großvater auch, wie eine Generation nach ihm sein Sohn, ein Ästhet gewesen, und sein Schreibtischzubehör nun für mich ein kleines Denkmal.

Ich blicke in den Dokumentenband meines Bruders, der mit dem Nachruf aus den *Neuen evangelischen Blättern* von 1910 anfängt. Ein zweiter Nachruf ohne Quellenvermerk, umfangreicher, rekapituliert die Lebensstationen des Großvaters, informiert über seine beruflichen Aktivitäten. Als Sohn des reformierten Schullehrers Daniel Guyot wurde er am 14.7.1861 in Heubach/Odenwald geboren. Erwähnt werden die drei Konfessionen, reformierte, lutherische, katholische, die im Dorf ihr Zusammenleben übten, und die Kindheitserfahrung mit Disharmonien, aus der ich seine Entdeckung von der Unentbehrlichkeit der Toleranz folgere, für die er dann sein Leben lang eintrat. Jean hatte einen zehn Jahre älteren Bruder, drei ältere Schwestern. 1880-1884 Studium der Theologie, zuerst in Gießen, dann in Göttingen. Nach der Pfarrertätigkeit in einigen Mainzer Landgemeinden wurde er vom Kirchenvorstand zum

Aufbau und der Organisation der Johannesgemeinde (damals Johannisgemeinde) in Darmstadt abberufen, arbeitete dort von 1891-1897. Es handelte sich um eine Arbeit, die er, wie er sagte, »mit Zagen und großen Sorgen« aufnahm: in einem damals schwierigen Neubaugebiet voll sozialer Kontraste. Schon 1892 konnte die Grundsteinlegung zur neugotischen Johanneskirche stattfinden, und ich rechne, ich vergleiche: Mit 23 Jahren arbeitete er schon im Beruf. In diesem Alter studierte ich noch dieses und jenes ohne genau definiertes Berufsziel (dank der an meinen Vater vererbten Toleranz?); dem 31-Jährigen bezeugten damalige Mitarbeiter seine ungewöhnliche Effizienz, des »seltenen Manns«, wie sie ihn nannten. Aus gesundheitlichen Gründen, es fiel ihm schwer, wechselte er über in die kräfteschonendere Pfarrei Dortelweil bei Bad Vilbel, nachdem er die Basis der Johannesgemeinde in Darmstadt geschaffen hatte und noch dort eine seiner Helferinnen heiratete, meine Großmutter Caroline Schimpff, Tochter des 1887 gestorbenen Pfarrers Wilhelm Christof Schimpff, zuletzt Superintendent in Wimpfen am Neckar. Zwischen 1896 und 1902 wurde er fünffacher Vater. Er, der nie den Kontakt zu seinen akademischen Lehrern wie den berühmten Harnack, Troeltsch, Ritschel und vielen anderen verlor, die Diskussion mit ihnen aufrechterhielt, gründete zusammen mit ähnlich diskursfreudigen und problembewussten Kollegen die »Frankfurter Konferenz Hessischer Geistlicher«, ebenso, 1906, die »Freie landeskirchliche Vereinigung«, innerhalb derer dann der Diakonieausschuss dringend um Problemlösung bat; sie blieb bis in unsere Gegenwart aktuell. Nämlich: Ärzte und Kommunalpolitiker beklagten den Schwesternmangel in Kliniken und Gemeinden. Mein Großvater muss spätestens daraufhin über Abhilfe nachgedacht haben, wobei ihm gewiss die Erfahrungen bei der Gründung der Johannesgemeinde mit ihrem Aufbau eines gut funktionierenden Gehilfinnen-Systems nützlich waren.

Als Pfarrer in der neu errichteten Pfarrstelle Heppenheim, an der Heilig-Geist-Kirche, war er erster Pfarrer von 1901 bis zu seinem Tod 1910, führte seine Ämter auf Landesebene weiter und gründete 1906 den Hessischen Diakonieverein, der im Gegensatz zum Diakonieverein Berlin-Zehlendorf nicht mehr nur Höhere Töchter zu Schwestern ausbildete, sondern auch Volksschulabsolventinnen; ebenso stand er im Kontrast zum Diakonissenverein. Bei meinen Antworten auf autobiografische Fragen hob ich diesen wichtigen Unterschied zu den Diakonissen immer etwas angeberisch hervor. Nein, seine Schwestern tragen nicht wie die Diakonissen knöchellange Röcke und beinah nonnenähnliche Hauben, ihre Schwesterntracht ist viel moderner, die Hauben sitzen auf dem Hinterkopf, ihre Röcke sind kürzer, und sie dürfen heiraten, Familien haben, sie werden nach Tarif bezahlt. Sie waren Pioniere, mein Großvater und mein Vater, erste Feministen! Im Lauf fortschreitender Säkularisierung, die mein Großvater nicht mehr erlebte, dann erst recht in der Nazizeit, durch die mein Vater unter riskanten Schwierigkeiten seinen Schwesternverband lavierte.

Im Zusammenhang mit dem Diakonieverein, ohne den eine Rückblende in meine und meiner Geschwister Kindheit und Jugend undenkbar ist, bin ich von dem Gründer-Großvater beeinflusst. Mein Vater übernahm aus Treue das begonnene Werk seines Vaters, das er später um den Rheinisch-Westfälischen Diakonieverein erweiterte, den er mit den schon angedeuteten Gefahren und Problemen über die Nazizeit hinwegrettete und der, wie auch erwähnt, in unserer immer weniger religiös-christlich interessierten Gesellschaft schrumpft, erst recht nach Pensionierung, dann Tod meines Vaters. Wie begierig begleiteten wir ihn früher auf seinen Dienstreisen in Gemeinden und Krankenhäuser! In der Kindheit war der Kontakt zum sogenannten Heimathaus neben unserem Pfarrhaus auf dem geräumigen Gartengelände eng, wir nahmen an Andachten teil, die mein Vater sonntags und zu kirchlichen Festen hielt, liebten die attraktiven Feiern mit Krippenspiel und Weihnachtsgeschenken und das Ostereiersuchen; unsere und unserer Mutter Freundinnen waren die Schwestern, für uns Junge, Neugierige speziell die Schwesternschülerinnen, kaum älter als wir. Uniformiert fanden wir sie schöner, alle. Im Freizeit-Zivil enttäuschten sie mit ihrer dann selbst gemachten modischen Privatgeschmack-Verwandlung, sofort wirkten sie weniger kompetent, nurmehr wie alle andern. Die Frau Oberin, eine originelle gebildete Person mit viel Humor, stapfte mutig bergsteigerhaft zum Kirchenliedergesang über die Bodentasten der kleinen Orgel im Andachtssaal und war unsere »Tante Line« und eine Freundin meiner Mutter. Wenn sie munter zur Teezeit meinen Vater mit Dienstlichem aufstöberte, seufzte er, doch hatte er sie gern und war sie nicht zu kränken. Speziell mich interessierten die Frauen Dina und Minna. In der Unterwelt ihrer großen Küche erzählten sie vom Dorfleben, fremde Welten. Vor düsteren Spülbecken half ich beim Geschirrabtrocknen und profitierte von einer wie mit den viel Älteren gleichaltrigen Gemeinsamkeit. Der Lift für Speisen hinauf in den Esssaal imponierte mir, mich inspirierten die unterirdischen Gänge im Keller des langgestreckten Jugendstilgebäudes »Heimathaus« entlang der Rohrsysteme von der Küche in die Waschküche, in der mich die wuchtigen alten Maschinen faszinierten: Ich schaute in die Waschpulverwassergischt, die an der massigen Trommel wie Meeresbrandung hochschwappte, abwärtsfallend aufgab.

Meine Erinnerung, hier nur in Splittern, überlebten den Abriss von Jugendstilgebäude und Pfarrhaus, das Verschwinden der Gärten mit altem Baumbestand, Licht- und Schattenzauber der Gewächse, aber für mich tauchen sie jederzeit empor, und im Blick verschwimmt das heutige Bautenkomplex-Monster, das sie verdrängt und doch nicht getilgt hat. All die unzerstörbaren Erinnerungen, verbinden sie mich nicht, wenn ich es genau bedenke, mit meinem Großvater, setzen sie nicht dessen erste Spuren fort? Als konkret-reale Variante zum Glauben, »weil mein Vater es mir gesagt hat«? Ich bin geradezu erleichtert, denn endlich werde ich jetzt, befragt nach meiner Herkunft, auch über ihn reden können; bisher war es nur die Großmutter und ihre Verwandtschaft, mütterlicherseits, mit der

Familie Textor. Schon als Kind prahlte ich: Über die Textors bin ich mit Goethe verwandt!

Mit »zündenden Reden«, lese ich in den Dokumenten, hielt Jean Guyot den Festvortrag zur Einweihung eines Denkmals für die mutigen, glaubenskämpferischen Ketzer-Vorfahren bei der Gründung der kleinen Waldenser-Kolonie im provençalischen Pragela. Und anlässlich der Konstituierung des Hessischen Diakonievereins im Juni 1906 nannte man ihn »die Seele des Ganzen«; wegen seiner neuen Ideen zu Seminaren für Kranken-, Gemeinde- und Kinderpflegerinnen, fortschrittlich und von seinen Visionen motiviert, »von Gott getrieben«, wie es von ihm heißt und für alles gilt, was er bewirkte. Die Theologische Fakultät der Universität Gießen verlieh ihm die Ehrendoktorwürde. Erwähnt werden unter anderem seine drei Schöpfungen: die »neue volksnahe Auffassung« vom Amt des Gemeindepfarrers, die »Freie Landeskirchliche Vereinigung«, der Diakonieverein in moderner Gestalt. Mit ihnen habe er »ein Stück hessischer Kirchengeschichte« geschrieben. In der Begründung der Promotion würdigt die Fakultät Johannes Guyots »Vertiefung und Vereinigung wissenschaftlicher Tüchtigkeit mit kirchlicher Gesinnung zur harmonischen Geistesart«.

Obwohl mein Großvater selbstverständlich Martin Luthers Verdikt zur Rechtfertigung des Menschen vor Gott gekannt haben muss – vor Gott zählen nicht unsere Werke, sondern einzig unser Glaube –, er, »von Gott getrieben«, nutzte seine knapp bemessene Lebenszeit für die Werke, nicht um einer guten Zensur von Gott, sondern um der Menschen willen.

»Von Gott getrieben« – sein Erbe an uns, seine Nachkommen, stimmt mich zuversichtlich, und wie unauffällig, aber mit starker Nachwirkung, muss auch mein Vater von Gott getrieben gewesen sein: Wir spürten das als bedingungslose Liebe. Paulus schreibt im 1. Korintherbrief 13,13: »Nun aber bleibet Glaube, Hoffnung, Liebe, aber die Liebe ist die größte unter ihnen.« Und 16,14: »Alle eure Dinge lasset in der Liebe geschehen.« Mit meinem zuvor so fernen, fremden Großvater, der mir während der Recherche zuerst imponierte, dann mehr und mehr gefiel, verbindet mich, wie ich es nun endlich empfinde, die Liebe. Vom Nichtdiesseitigen stammte seine Obsession und trieb ihn an, im Diesseitigen zu wirken: Damit hat er das Jammertal nach dem ihm verliehenen Talent verbessert, nicht dem nicht buchhalterischen Gott zuliebe, aber aus Liebe.

Manchmal, während ich über den Großvater nachdachte und schrieb, einen Mann, der aus meinem Alter betrachtet bei seinem Tod ein junger Mann war, fiel mir die Paradoxie auf: Ich könnte einen neunundvierzigjährigen Sohn haben. Ich bin viel älter, als er je wurde. Ich könnte die Mutter meines Großvaters sein! Und doch war mir, seltsam und schön, die ganze Zeit über kindlich zumute.

Sonderbare Gleichzeitigkeit: Während des Nachhilfeunterrichts in Sachen Großvater ändert sich zwar real betrachtet an meinem Alter gar nichts, und doch, weil er sich mir vergegenwärtigte und wir uns wie bei einem Zusammensein nahekamen, war er aus dem Blickwinkel seiner Enkelin der Alte, er, der er nie alt war, ich die Kleine, die sehr junge Zuhörerin. Noch eine schöne Empfindung, die ich ihm verdanke.

»Von Gott getrieben«: Das entspricht auch Kierkegaards Überzeugung vom Phänomen des religiösen Glaubens als der »höchsten Leidenschaft in einem Menschen«. Diese Erfahrung muss auch mein Großvater gemacht haben. Sein Vermächtnis, und es könnte kein bedeutsameres geben, erkenne ich, als Verwandlung, in der bedingungslosen Liebe meines Vaters wieder. Ultimativ bestes Fazit des überfälligen kleinen Lehrgangs auf der Suche nach diesem Vorgänger, meinem Großvater Johannes Guyot.

Das Pfarrhaus

Vom »Pfarrhaus« kann ich nur im Imperfekt sprechen, und das Possessivpronomen muss ich weglassen.

Im Schwesternhaus, wie wir die Zentrale des Diakonievereins, das langgestreckte, bräunlich verputzte Gebäude genannt haben, weil uns Heimathaus oder erst recht Mutterhaus zu gemütvoll war, hieß es das *Pfarrhaus*. Es steht neben keiner Kirche, keine Gemeinde gruppiert sich um es; überhaupt: kaum Nachbarn. »Bitte das Pfarrhaus«, habe ich dennoch sagen müssen, wenn ich von irgendwo anrief und über die Zentrale mit meinem Vater oder mit meiner Mutter verbunden werden wollte. Die Bezeichnung Pfarrhaus hat mich immer etwas gestört, und sie schien mir auch nicht auf das Haus mit seinen großen Fenstern in den Mauern aus in der Gegend nicht üblichem Klinkerstein zu passen. Mir ist das Haus modern vorgekommen, von Pfarrhäusern aber erwartet man Altertümlichkeit, und es hat mich gewundert, wenn meine Freunde die Treppe hinaufstiegen und in wehmütigem Genuss, mit leichtem Heimweh seufzten: Ah, diese alten Häuser! Gewiss: Die Treppenstufen haben geknarrt. Aber dieses Haus hätte irgendeine sogenannte Villa vom Baujahr 1932 sein können, profan bewohnt. Da hing kein Haussegen über der Tür, den Beruf meines Vaters hat man nicht am Inventar ablesen können, außer man stand in der Bibliothek vor der theologischen Abteilung. Heute macht es wenig aus, wenn man sagt: Mein Vater ist Pfarrer. Aber als ich, in der Zeit des Nationalsozialismus, aufwuchs, brachte man sich damit Verdacht und Gehässigkeit ein. Übrigens haben sich gewisse Vorurteile erhalten und sorgen für den bleibenden leichten *haut goût*.

Das war früher unser Haus, wir haben es dafür gehalten. Wir haben 34 Jahre lang darin gewohnt. Ein Diensthaus ist schön für junge Leute, alt werden darf man dort nicht, man darf sich nicht zu sehr eingewöhnen. Uns kam der wahre Sachverhalt abhanden. Wir sind ja auch nicht in ein bereitstehendes, von Vorgängergenerationen eingeweihtes Haus gezogen, sondern es entstand nach dem Wunsch meines Vaters. Dies war unser eigenes Haus, so empfanden wir es, so prägte es sich uns ein, dies unsere eigene Terrasse, Blick auf unseren eigenen großen Garten; wir sind es gewesen, die es dem Garten erlaubten, sein eigenes Leben zu führen, zu verwildern und anderen Gärten unähnlich zu werden. Mein Vater der Hausherr, meine Mutter die Hausherrin. Ein geräumiges Haus mit unübersichtlichen Bereichen, zum Beispiel auf dem Speicher, hinter dem Schornsteinturm, wo alte Koffer und Ledertruhen unter Tüchern aufgestapelt waren, ein Speicher mit Schlupfwinkeln, den meine nun tote Tante verwaltete; zwischen Ziegeln und Dachgebälk gab es Löcher, durch die in den Winternächten ein Steinmarder eindrang; kein Förster konnte ihn fangen, und der Marder gründete seine Familie unter unserem Dach.

Das Grundstück gliedert sich in drei Terrassen. Auf der am höchsten gelegenen nördlichen steht das Haus. Der Blick aus den Südfenstern des ersten Stocks und der Mansarde umfasst das ganze Gelände. Der untersten Terrasse, mit deren südlicher Begrenzung der Garten aufhört, liegt erst seit ein paar Jahren eine neue, hässlich bebaute Straße gegenüber. Früher war der Garten größer. Was heute als Besiedlung durch billige und schlecht proportionierte Häuser den Ausblick auf den Wald versperrt, hat zu unserem Grundstück gehört, bis hin zu einem Bach und zu einer verwahrlosten Hüttenlandschaft, einer straßen- und namenlosen Zwischengegend, deren Bewohner uns Kinder mehr interessiert haben als die gutbürgerlichen Anlieger in den ordentlichen und registrierten Straßen unseres Stadtviertels.

Auf der untersten Terrasse haben wir Obst geerntet. Im Mittelteil haben wir gespielt. Oben Tee getrunken, im Sommer Geburtstage gefeiert. Allmählich ging die Anteilnahme für den vom Haus am weitesten entfernten Teil des Gartens verloren. Es fing da unten an mit unserer Lethargie. Aber immer noch konnte man hier herumlaufen und allein sein, man konnte die von den Pächtern verlassenen angrenzenden Parzellen betreten; dort fand ich verrottete Schuppen, eingefallene Lauben, trockene Brunnen, abbröckelndes Gemäuer. In unserem letzten Sommer haben wir noch einmal Eifer aufgebracht und uns im Dickicht der Brombeerbüsche zerstochen, wir haben gepflückt, gesammelt, geerntet, die Hitze ausgehalten – wie für immer.

Der Beerenhecken, die miteinander zur dornigen Wildnis verwuchsen, wird der Nachfolger sich annehmen: ein radikaler Schnitt. Mit den verkümmerten Erdbeerpflanzen, über die wir uns jahrzehntelang im Juni gebeugt haben, bis sie uns egal wurden, wird jedoch niemand mehr Glück haben. *Strawberry Fields* habe ich gesungen, als ich im letzten Spätsommer in diesem für die Rettung durch Düngemittel und für uns verlorenen Land umherstreifte, und mit *Strawberry Fields* und der Gelegenheit, allein zu sein, über irgendwas nachzudenken, hat jetzt die südlichste Terrasse des Grundstücks längst gar nichts mehr zu tun. Das ganze Grundstück und das ganze Haus haben damit gar nichts mehr zu tun. Sie werden wachgerüttelt, wiederbelebt – ein Schlussstrich unter die Dekadenz. Die Kinder des Nachfolgers wollen mit Fahrrädern überall herumfahren, sie wollen die Schaukel wieder benutzen, nicht nur zum Schaukeln, aber gar nicht zum Schläfrigwerden in veralteten Hängematten. Wie konnten wir nur die Schaukelpfosten vermorschen lassen! Man muss sie aus dem Grasboden herausreißen. Wie konnten wir nur die Quecken so tief eindringen lassen – der Nachfolger wird sich all dessen annehmen, und dann können die unmusikalischen Kinder, laut singend und pfeifend und Sport treibend, den Garten benutzen.

Im Mittelteil des Grundstücks haben Bäume und Gebüsch die Grasflächen und die Kieswege immer mehr eingeengt. Die Pflanzen wachsen aufeinander zu und wollen einen Wald bilden. Von den Südfenstern des Parterre der grüne, nichts durchschauende Blick. Der Nachfolger prüft den Baumbestand, denn die Zimmer des Hauses sind ihm und seiner Familie zu dunkel. Wie sonst könnte er als eifriger Apologet des Psalmes 19 dastehen, fröhlich und singend: Licht, das in die Welt gekommen, Sonne voller Glanz und Pracht. Also weg mit dem Laub und der Dämmerung durch Laub! Im Unterschied zu seinem Vorgänger im Amt, meinem Vater, kennt er keine neurotischen Bedenken gegenüber dem Fällen von Bäumen und lässt die Zuschauer, meine Eltern in der Notwohnung des Schwesternhauses, angesichts der Sakrilege erschauern, die den Garten verändern. An jenem *Pfarrhaus* gehe ich vorbei, wenn ich meine Eltern besuche, ich sehe aber kaum hin. Trotzdem entgehen mir nicht die Korrekturen und Abweichungen. Ich weiß von dem Türschild aus Messing, das den Amtstitel und den Namen des Nachfolgers in feierlicher Fraktur verrät; wir früher, wir haben nie ein Türschild anbringen lassen, und sogar unsere Hausnummer kam abhanden, das Anonymste war uns recht. Ich nehme den grauen Briefkasten zur Kenntnis. Die Pflanzen auf den beiden rondellartigen Beeten links und rechts des Eingangs sind noch von meiner Mutter gesetzt. Ich gehe rasch weiter. Aber ich kenne das Haus zu gut. Ich beschäftige mich mit dem Haus. Mir fällt die Bibliothek ein, zwei Zimmer, dunkel von Büchern. Man kann etwas Bestimmtes suchen, man kann ohne Ziel suchen und Bücher herausziehen, darin blättern, sie wieder zurückstellen, auf Entdeckungen warten. Man kann sich in dem lederbezogenen Backensessel ausstrecken und Bücherrücken ansehen, ringsum. Die Bücher sind jetzt in ein enges Asyl verbannt, jetzt kann keiner mehr finden, was er sucht. Das Weihnachtszimmer von früher. Die alten Teppiche, die alten Möbel. Angenehm war in diesem Haus auch noch die Unordnung. Überall steht etwas, das man kennt und doch immer wieder gern betrachtet, Zinnsachen, altes Porzellan in der Vitrine.

Im Winter ist man gern in dieses warme große Haus zurückgekommen. Im Sommer war das Haus kühl. In seinen Stockwerken bin ich herumgelaufen, ich habe mich ausgekannt, bin aber neugierig geblieben. Türen aufmachen, Zimmer betreten, hindurchgehen, etwas wiederfinden, Zimmer verlassen, Blicke aus den Fenstern. Wenn das Haus leer war, bin ich am liebsten darin umhergewandert. Ich habe das Haus um mich herum gespürt. Ich habe, bei geöffneter Tür meines Zimmers zum Gang hin, die Geräumigkeit des Hauses und das Leben seiner Einrichtung gespürt. Dieses Zimmer, in das ich mit meinem Mann einzog, war früher das Spielzimmer. Dort, wo es jetzt zum Schlafzimmer geht, die Puppenwohnung meiner Schwester, auf der anderen Seite meine eigene – nun der Platz für den Eckschrank mit Manuskripten.

Ich komme vom Imperfekt ab, ich wandere durch das Haus, ich beuge mich über die Marmorplatten vor den Fenstern, was ich sehe, kenne ich, aber es interessiert mich, es gehört zu mir, ich öffne Schranktüren und Kommodenschubladen – auf der Suche nach gar nichts. Ich bin auf dem Speicher. Als ich fünfzehn war oder jünger, habe ich hier im sommerlichen Holzgeruch des Dachgebälks vor einem Spiegel Rollen einstudiert: Viola, Mary Stuart, Titania. Ich habe den Keller genauso gern, ich habe ihn vielleicht noch lieber als den Speicher, er ist dunkler, er ist weiträumiger, seine Maße entsprechen denen des darüberliegenden Parterre. Im Winter besuche ich im Pflanzenkeller die Fische, die in einer alten Zinkwanne das Schwimmen vergessen. Hier unten kann man jederzeit allein sein. Mein Vater macht mich für den Weinschrank im Weinkeller zuständig, er vertraut mir, obwohl er meine Sympathie für die Flaschen kennt. Ich ordne gern den Schrank, ich sehe nach, ich gruppiere: Rheingau, Rheinhessen, Nahe rechts, links Mosel; und dann verringert sich der Bestand, ich melde das, mein Vater findet, es sei Zeit, neue Weinsendungen zu bestellen. In einem anderen Raum des Kellers, der heizbar ist und ohne Sinn Bügelzimmer heißt, sind auch Bücher zusammengepfercht: außer den Kinderbüchern alte Lexika, theologische Sachen – mein Vater will sie eines Tages sichten, ordnen, auch die pädagogischen Schriften aus dem Vermächtnis einer Tante, meine Mutter will das alles lieber verschenken – und zwischen unwichtigen Broschüren, vergessenen Romanen vergessener Autoren ist ein Fund doch immer möglich: Bierbaum, Keats, *The School of Scandals* – meine Mutter, die oben versucht aufzuräumen, sieht nicht so genau hin, wenn sie Bücherstöße kellerwärts schafft. Zerlesene Schmöker erinnern mich an früher, als ich, ungefähr elfjährig, von meinem sechs Jahre älteren Bruder mit Lesestoff versorgt wurde, der offiziell noch nichts für mich war und der mich daher umso mehr anzog und erst recht etwas für mich war.

Auf diesem Treppenabsatz das Eisenbahncoupé für die Puppen meiner Schwester, auf dem zweiten das meine – wenn wir in unsere erfundenen Ferien fuhren und es der Familie schwer machten, treppauf treppab an uns vorbeizukommen. In der Erinnerung an meine Kindheit ist dies ein Haus, in dem alles erlaubt und möglich war.

In unserem ehemaligen Dschungel der mittleren Grundstücksterrasse, die ich heute nicht mehr betrete, blieb dem Teich, angelegt vom Verlobten meiner Schwester, ein schattiger Platz. Später hat den Teich mein jüngster Bruder übernommen und mit seinen Fischen besiedelt. Seerosen schwammen auf der Oberfläche des Teichs, aber auch der tote Fisch Paulum. Wenn wir wissen wollten, ob es regne, haben wir auf den Teich hinuntergeschaut, und seine mulmige Oberfläche hat uns Auskunft gegeben. Im Herbst sah ich den Teich verschwinden unter der schuppigen Laubschicht, die mein Bruder mit Obstpflücker und Harke abhob, bevor er den Teich in seinem Betonbecken ohne Abfluss eimerweise für den Winter leerschöpfte, meistens nach dem ersten Frost, also etwas zu spät. Jede dieser Rollen, die wir in Haus und Garten besetzt haben, war uns auf den Leib geschrieben. Der Teich ist nur ein Beweisstück in einer langen Beweiskette. Wir hätten den Teich vor unserem Auszug zerstören sollen, wir hätten Farne umpflanzen sollen ... und was nicht alles. Von den drei Südfenstern der Notwohnung aus sehen wir im gelichteten Versteck der Baumgrenze unseres früheren Gartens unser früheres Haus. Wir sehen die Robinie, die im Sommer zwei Zimmer grüngefärbt hat. Aber wir müssen uns weit hinausbeugen und die Hälse nach Osten drehen. Im Blickfeld, das meiner Familie jetzt zusteht, befinden sich die öden Nutzflächen des Schwesternhausgartens.

Wenn ich unvorsichtig bin, denke ich an das Haus, an den Garten, an die vielen Jahre, und Geräusche fallen mir ein, Augenblicke nageln sich in meinem Erinnern fest, spreizen sich; ich höre das Haus, ich rieche das Haus, seinen Alltag von früher, ich finde alles wieder, auch das, womit ich nicht zufrieden war, ich finde Ärger und Liebe und den stampfenden Schritt einer Tante, die längst tot ist, und die Neugier einer anderen Tante, die noch lebt, ein Radio, das zu laut ist, Schallplatten meines Bruders, die nicht laut genug sein können, den Gong, den Ruf *Essen* mit der Sopranstimme meiner Mutter, und was sonst noch vorbei ist, aber nicht vergessen wird.

Schreibwand

Was liegt und klebt und hängt da alles um mich herum – man sollte fürchten, es müsse mich ablenken, aber ich befinde mich in meiner veränderbaren Privatstadt, in der ich mich auskenne, mich neugierig doch immer wieder nicht ganz auskenne, in der ich abreiße, umbaue, neu baue. Stecknadeln halten meine Schreib- und Reisetermine so an der Wand, dass sie nicht ganz die aufgeklebte Bebilderung verdecken. Dies Ambiente ist so ein bisschen wie ein – wie mein – hergezeigter, als Text- und Bild-Zitat aufgeblätterter Kopf, eine womöglich etwas erschreckende, vielleicht etwas infantile Collage. Viele Stecknadelköpfe und kein Zettel soll einen andern Zettel ganz überdecken: Lese-Reisen schräg überm Untergrundbahnplan von London, verblichenes Farbfoto eines verblichenen belgischen Seebads: verblichene Erinnerung. *Ich glaube, weil es sinnlos ist,* steckt an John Lennons blauer Jacke. *Allein allein allein/Endlich wie ein Stein/Mit meinen zehn Fingern allein* über den Kinks, halb. Die *Merseay Beats* steigen in einen Londoner Bus ein und lassen sich ein drübergenadeltes Beckett-Zitat gefallen. Aufgespießte Störeffekte, die unruhig und ruhig zugleich machen. Bier-Reklame, memorierende Ansichtskarten, Hotelprospekte, die Mole von Hoek van Holland.

Schule für Ehestreit und Rosa Luxemburg: »Freiheit ist immer nur die Freiheit der Andersdenkenden.« Das aufgeschlagene Klinische Wörterbuch neben der aufgeschlagenen Bibel-Concordanz neben der aufgeschlagenen Mao-Bibel neben dem aufgeschlagenen Philosophischen Wörterbuch neben dem aufgeschlagenen … und so weiter. Zwischen Bob Dylan und einem Ausschnitt über Schizophrenie: Pascal »Nie tut man so vollständig und gut das Böse, als wenn man es mit gutem Gewissen tut.« *Wunderwurm stirbt unter dem Stiefel seines Trainers* und *Zu viele Hunde in der Pfanne/Zu wenige für die Forschung* – kann sein, dass ich das mal benutzen werde, und dass der Mensch mit der Backhefe verwandt ist, habe ich schon benutzt, aber ich lasse es noch dort pappen über einem Flaschenetikett des Bronwaters SPA und Franz Schubert. Die *Beraubte Großmutter, vom Enkel verbrannt* und *Sex für den Fiskus* liegen noch herum. Fotografierte Kiefern, ein Plakat der Bundesbahn, das mit Brandung fürs Meer wirbt, ein fotografierter OP mitsamt Opfer und Operationsteam, der Stadtplan von Rom, Sätze von Canetti, zum Beispiel: »Diese Zärtlichkeit, mit der einen alles Vergebliche erfüllt.« Ich sage JA und ich sage wieder Ja, diesmal zu Karl Kraus: »Die Welt ist ein Gefängnis, in dem Einzelhaft vorzuziehen ist.« Was ich so über süchtiges Verhalten finde, ich schneide es aus. Jesaja 43, Vers 1 – wo wäre ein Tag ohne Verwendbarkeit hierfür, weil es ja schon damit anfängt, dass ich mich nicht fürchten soll? Adorno: »Nur eine Ontologie hält sich die Geschichte hindurch: die Verzweiflung«, und *Hyde Park Hotel Knightsbridge*, weil ich da vielleicht mal hin will. Wer könnte das nicht immer wieder nachlesen, weil er es immer wieder, mit allen zugehörigen, dem jeweiligen Tag entsprechend dosierten Zweifeln, gebrauchen könnte: »... dieweil wir wissen, dass Trübsal Geduld bringt; Geduld aber bringt Erfahrung; Erfahrung aber bringt Hoffnung; Hoffnung aber lässt nicht zuschanden werden.« Auch ich will nicht zuschanden werden, also weiter und weiter mit den Gymnastikübungen der Psyche auf diesen schwierigen Geräten Trübsal, Erfahrung, Hoffnung – aber ich bin unsportlich, und Rekorde sind von mir nicht zu erwarten, auch kein Erfolg von Dauer und für immer, auf dem sich ausruhen ließe. Ich kann ablesen, wie viele Milliarden Sekunden ich gelebt haben werde, wenn ich 80 bin, aber ich kann diese Zahl nicht aussprechen. Meine italienischen Notizbücher, in die ich unterwegs kritzle, was mir ein- und auffällt, lehnen farbig und griffbereit am schwarzen Rahmen, der meinen Schreibtisch abgrenzt. Der Schreibtisch ist nicht groß genug, und auf anderen Tischen geht diese angedeutete Bevölkerungsexplosion meiner Stichworte aus Texten und Bildern weiter.

Das Buch, mit dem ich lebe

Niemals ist es nur ein einziges Buch gewesen, mit dem ich gelebt habe, seit meiner Kindheit nicht, und viele, ganz unterschiedliche Textpassagen, einzelne Sätze, Gedichtzeilen sind meine Begleiter. Damit ich sie nicht vergesse, habe ich mir die wichtigsten Zitate auf kleinen gelben Zetteln an die Wand gegenüber von meinem Schreibtisch geklebt. Meine Anhänglichkeit an Aussagen, die mir nützen, entweder weil sie mir einfach von selbst gefallen, oder weil ich sie mir zur Beherzigung und zum erneuerungsbedürftigen Verständnis immer wieder einprägen will, meine Treue zu diesen Denkfunden ist haltbar. Manche Bücher stelle ich nicht ins Regal zurück an ihren Platz, ich brauche sie in Griffnähe. Eine Seite in Kierkegaards Tagebüchern schlage ich nicht mehr um. Das Buch liegt offen da, mit Kierkegaards Eintragung vom 19. Mai 1839, vormittags, 10.30 Uhr: »Es gibt eine unbeschreibliche Freude, die uns ebenso unerklärbar durchglüht, wie des Apostels Ausbruch unbegründet hervorbricht: ›Freuet euch, und abermals sage ich: Freuet euch.‹ Nicht eine Freude über dieses und jenes, sondern der Seele vollgültiger Ausruf ...«

Eine derartige Freude lässt sich nicht provozieren, sie ist tatsächlich »unerklärbar« und »unbegründet« und auf nichts Konkretes aus unserer realen irdischen alltäglichen Gegenwart zu beziehen: Hier, in der Welt (»... in der Welt habt ihr Angst ...«), haben wir zu solchen Glücksfällen von Freude keinen Anlass. Ist sie eine Gnade? Kann ich, wenn ich sie einmal erfahren habe, immer wieder mit ihr rechnen? Ja, wahrhaftig, ich habe sie einmal erfahren, und ich suche den unscheinbaren Schauplatz wieder auf. Ich bleibe auf dem kleinen Weg zwischen Holunderbüschen und Unkrautpflanzen im Gehölz stehen. Ich erinnere mich an den Moment, in dem ich – es ist schon länger her – plötzlich von dem Empfindungsgeschenk der »unbeschreiblichen« Freude durchdrungen wurde, völlig unvorbereitet, ungeplant, ohne jede Erwartung. Ich warte auf die Wiederholung, aber fast verlegen, denn ich spüre schon die Vergeblichkeit. Eine Epiphanie kann nicht herbeigezwungen, das zuversichtliche Gefühl nicht kopiert werden. Es darf nicht zu viel Absicht dahinterstecken. Ein Gefühl ist kein verlorener Gegenstand. Ich muss diese über unsere sorgenbeladene Erdschwere hinausweisende grundlose Freude abstrahieren. Als Erinnerung, nämlich an ihre Möglichkeit und an ihr Wiederaufscheinen im Bewusstsein, reißt sie mich von nun an aus der Öde banaler, in Sackgassen endender Gedanken. Die Freude kann also doch, im Gedächtnis, wiederholt und damit nützlich werden. Fast schon wieder zur Freude selber: Ich lese die Eintragung vom 19. Mai und weiß, dass es diese Freude gibt. Gut zu bedenken, dass Kierkegaard selber kein Dauerfreudentaumelmensch war. Ganz im Gegenteil! Genauso wenig wie der Apostel Paulus, auf dessen »Ausbruch« er sich bezieht: Von unkritischen, alle Nachdenklichkeit vermeidenden Optimisten würde ich mich nicht verführen lassen. Kierkegaards Kontrastsätze zum freudigen »Durchglühen« sind mir gleichzeitig gegenwärtig, zum Beispiel dieser: »Je älter man wird, d. h. je kompetenter man wird, umso weniger ist es möglich, zufrieden zu sein.« Nicht länger als eine halbe Stunde zufrieden sein zu können, glaubte er«. Um wie vieles bemerkenswerter, glaubwürdiger, ausnahmehafter wird dadurch die seelische Momentaufnahme von der Freude! Wie ein winziges Portrait vom Jenseitsglanz scheint sie in die alltagstrübe Unzufriedenheit, die sich für »Kompetente« gehört. Also, bis zum nächsten kurzen Moment, auf Wiedersehen bis zum nächsten flüchtigen Mal, du auf die Ewigkeit zielende Aufforderung: »Freuet euch …«

Meine Gedichte

»Morgenglanz der Ewigkeit,/Licht vom unerschöpften Lichte,/ schick uns diese Morgenzeit/deine Strahlen zu Gesichte/Und vertreib durch deine Macht/unsre Nacht.«

In meinem Gemüt bleibt die Wirkung dieses Kirchenlieds vom 1689 gestorbenen Christian Knorr von Rosenroth ohne die Melodie seines Zeitgenossen Johann Rudolf Uhle unvollständig. Manchmal höre ich mir im Innern zu: wie beim Singen. Es wundert mich ein bisschen, dass ich mit meinen lyrischen Favoriten und den Vertonungen nicht in Moll beginne, auf Moll gar nicht so einseitig angewiesen bin, und vielleicht ist dem unscheinbar gebliebenen Uhle etwas Schubertähnliches gelungen und er konnte einer Dur-Tonart die pur diesseitige Aufmunterungsfrische nehmen. Ermutigung geht von der mir passenden Melancholie aus, eine selbstanklägerische Resignation weckt Zuversicht, das ist auch mein gangbarer Weg durch »die dürre Lebensau« dorthin, »wo die Lust, die uns erhöht/nie vergeht«, und was auf den ersten Blick als doch recht bescheiden enttäuschen könnte, als ausschließlich gebückte Demutshaltung, Reue, Not, das erbittet doch ein äußerstes Ziel, ist in Wahrheit der höchste Anspruch. Sehnsuchtsvoll-zugkräftig formuliert sich das Wegstreben »aus dem Tränenfeld« – wohin? »In jene Welt« und zu »süßem Trost«. »Deiner Güte Morgentau«: Worauf soll er denn fallen? Auf »unser matt Gewissen.« Als ich, in meiner Kindheit, Wortzusammenstellungen wie diese in kleinen Chören der evangelischen Krankenschwestern bei Andachten meines Vaters mitsang, der besten und niemals betrübt-zerknirschten Stimme, der meiner Mutter, am nächsten sitzend, wetteifernd mit ihr, als wolle ich, dass mein Vater mithören könne, da habe ich noch nicht gewusst, wie groß die Anziehungskraft von Strophen dieser Art auf mich gewesen sein muss – oder ist sie erst entstanden? Wodurch? Ist es die

Selbstbezichtigungsmethode, nach der auch ich hoffe, es gebe eine übergeordnete Nachsicht mit dem, was Rosenroth als »unsre kalten Werke« bloßstellt, weshalb es so dringend ist, dass er gehört wird, der Vergewisserungszuruf, flehentlich: »Gib, dass ... eh wir gar vergehn/recht aufstehn.«

Wenn das Nachdenken über *mein* Gedicht auf eine begrenzte Seitenzahl passen soll, muss ich mich auf eine kleine Auswahl vom Repertoire beschränken, das heißt Notproviant und Entscheidung im Fundus, und ich bekomme das Gefühl, ich müsse in ein Exil aufbrechen. Wenn ich bei mir zu Haus bin, macht mich der gewohnte Versorgungswohlstand entschlussschwach, und in der Umgebung des Büchervorrats gäbe ich die nicht ganz aufrichtigen Antworten. Ich lese gar nicht regelmäßig Gedichte. Also denke ich, jetzt unterwegs in der Bahn und in Hotelzimmern, die unentbehrlichsten Gedichte müssten wohl die sein, die mir aus dem Gedächtnis einfallen. Dieses Abteil hier, es ist jetzt die berühmte fiktive Verbannungsinsel, auf die es einen in der Phantasie verschlagen soll und für die es das existenzielle Gepäck zu packen gilt. Was habe ich denn diesmal sowieso in der Reisetasche? Ist überhaupt Lyrik dabei? Ist es der gewohnte, wie aus Aberglaube und Anhänglichkeit an eine Art von prinzipieller Identität kaum je veränderte Bodensatz, den *Mit Goethe unterwegs*, ein zwergenformatiges *Neues Testament* und eine Sammlung von Tschechow-Erzählungen bilden? Und an den ich trotzdem vielleicht gar nicht rühren werde, weil ich wieder hoffe, mit dem Vorrat an Tageszeitungen werde ich von Morgen zu Morgen auskommen? Ich will die Zeitungen oft genug vergeblich interessant genug finden. Eine Gedichtzeile von mir selber stimmt auf mich selber immer wieder: *Ich will die Zeitung von morgen lesen.* Vermutlich drücke ich mich vor größeren Gemütsbewegungen, ich lasse sie aber nicht zu Haus.

Ich bin auf einer Bahnreise, ich werde nur zwei Tage unterwegs sein, die Frage nach dem imaginären Inselaufenthalt bleibt wie eh und je gestellt, und mit dem Notproviant bin ich wieder fahrlässig gewesen, doch wird wohl Verlass sein auf das alte Grundmaterial im Gemüt, und am leichtesten fällt mir die Versorgung, wenn ich den Hilfsweg über Melodien benutze. Was singe ich denn sowieso in mir ab, während jetzt bei Stuttgart ein hochinteressantes Gewitter mich dazu verlockt, aus der langweiligen Zeitungsseite endlich Konsequenzen zu ziehen und die Gegend zu betrachten und nachzudenken? Was ist das für ein Kirchenlied? Es ist Paul Gerhardt, eine zweite oder dritte Strophe, es ist gar nicht mal ein Lieblingslied, weder der Text noch die Melodie versetzen mich in einen Empfindungsrausch, aber das suche ich nicht, wenn ich, eher unwillkürlich, mich bei diesen Ton- und Wörterabfolgen erwische – dann bin ich sicher den Zielen Mäßigung, Besänftigung hinterher: »Heut, als die dunklen Schatten/mich ganz umfangen hatten/bedecktest du mich Armen/o Vater, mit Erbarmen.«

Oft ereignet sich ein solcherart inwendiges Absingen gar nicht voll bewusst, beinah unwillkürlich vollzieht sich, vom gleichmäßigen Auf und Ab der Noten gezügelt und gezähmt, eine innere Rhythmisierung, ich bekämpfe Unrast und leeres Aufgeregtsein mit Liedzeilen und komme dabei ohne den Text aus. Wenn ich den Text aber mitwirken lasse, wird mir das Ganze sofort als Programmmusik willkommen. Keiner, der sich nicht »dunkler Schatten« erinnerte. Also auch ich nicht, auch ich kann erfahren, was dann »Erbarmen« ist, und auf das Reizwort *Vater* reagiere ich sowieso auf meine private Weise. Niemand hätte eine Ahnung vom Glück, wenn er nicht im Umgang mit dem Unglück geübt wäre. Glück würde nicht empfunden, ohne das Unglück existierte es nicht. Gesangbuchslieder gefallen mir als Einübung in Geduld. Andere Leute machen autogenes Training. Ich lerne das bessere Atmen hierbei: »Du sprachst: ›Mein Kind, nun liege/kein Schrecken dich besiege;/schlaf wohl, lass dir nicht grauen/du sollst die Sonne schauen.‹« Merkwürdig, dass mich die Erwähnung der Sonne nicht stört, mich auf Regen versessene, niederschlagssehnsüchtige Person. Ich sehe einfach ein, dass Paul Gerhardt an dieser Stelle erstens vom Reimzwang getrieben war und zweitens die

Sonne als Metapher für Erleuchtung, Klärung trüber Verworrenheiten gebraucht hat. Natürlich habe ich mein allergrundsätzlichstes Emigrationsgepäck nicht griffbereit. Ich mache den Test, jetzt denke ich sowieso an meine Mutter, an das nie wieder selbstverständliche Nützen beim Rollentausch, an das nie auf eine erwachsene Tochter im Umgang mit ihrer Mutter anzuwendende kleine Lieblingsgedicht hier, Bert Brecht, *Glücklicher Vorgang*: »Das Kind kommt gelaufen/Mutter, binde mir die Schürze/Die Schürze wird gebunden.« Wie sehr wünschte ich – und weiß, dass ich selber mir den Wunsch nie erfüllen kann –, ich könnte ein einziges Mal in einem Umkehrvorgang so ohne jeden Wörteraufwand und ohne allen Empfindungstumult eine ganz und gar einfache, ganz und gar lebenswichtige Bitte wie einen Vorgang behandeln, der erledigt wird. In Brechts winzigem Gedicht ist die ganze Kindheit untergebracht. Der Kinderimperativ und der Vollzug durch die Mutter spiegeln ein glückliches unschuldiges Stadium vor allen Pflicht- und Schuld- und Reue-Gefühlswirrnissen wider. Angenehmste Zeit der selbstverständlichen Ausübungen, ehe das Grübeln dazwischenfährt. Der Dank an die Mutter scheint nur zu fehlen, aber steckt er nicht in der ersten Zeile: »Das Kind kommt gelaufen …« Das Kind hat Vertrauen. Die Mutter, wenn sie großes Glück hat, weiß gar nicht, nicht ganz genau, wie groß ihr Glück ist: beim Zuschauen, wenn das Kind gelaufen kommt, beim Zuruf vom Kind, beim Schürzebinden. Und ich sehe sie, wie sie dem ebenfalls glücklichen Kind, das auch so glücklich ist, weil der wichtige Vorgang auch so nebensächlich ist, nachblickt. Das Brechtsche Kunststück kommt dieser Glücksart so nah, weil es sich als Protokoll gibt. Wie durch ein Kaleidoskop sehe ich auf die kleine Szene zwischen Mutter und Kind und Schürze, von Brecht stammt nur das Standbild, von dem er zulässt, dass ich es in viele verschiedene Einstellungen und in wechselnde Abbildungen schüttle. Blick in die Vergangenheit, für jeden erwachsenen Leser, dem dann ein Heimweh wie etwas – mit der gleichen Selbstverständlichkeit – Niewiedergutzumachendes inwendig aufblendet. Vom Schmerz, der da entsteht, war scheinbar bei Brecht gar nicht die Rede. Den »glücklichen Vorgang« erkennen und ermessen wir ja aber erst dann bewusst, wenn wir ihn ebenso bewusst von unglücklichen oder auch nur scheiternden, ewig unvollkommenen und missratenen Vorgängen unterschieden sehen, als abgetrennt von allem dem Üblichen, vom gewöhnlichen Unglück. Der Kindermoment schimmert heimatlich von früher hervor. Er hebt sich ab. Glück gibt es, weil es das Unglück gibt.

Mit dem Medizinischen Wörterbuch reise ich nicht, aber mit Tod und Leben, mit meiner alten Absicht, es müsse sich doch eines Tages ein Lexikon der ersten Anzeichen, eine Konkordanz der Symptome finden lassen, hängt es zusammen, dass ich in einem Seitenfach meines Terminkalenderchens das Gedicht *Denk es, o Seele* von Eduard Mörike bei mir habe, als vergilbten abgegriffenen Zeitungsausschnitt:

Ein Tännlein grünet wo,
Wer weiß, im Walde,
Ein Rosenstrauch, wer sagt,
In welchem Garten?
Sie sind erlesen schon,
Denk es, o Seele,
Auf deinem Grab zu wurzeln
Und zu wachsen.
Zwei schwarze Rösslein weiden
Auf der Wiese,
Sie kehren heim zur Stadt
In muntern Sprüngen.
Sie werden schrittweis gehn
Mit deiner Leiche;
Vielleicht, vielleicht noch eh
An ihren Hufen
Das Eisen los wird,
Das ich blitzen sehe!

Den autobiografischen ersten Augenblick zwischen diesem Gedicht und mir habe ich vergessen. Es ist wohl sowieso längst notwendig, davon zu sprechen, wie wenig es der Inhalt einer Dichtung allein ist, der zu einer Gemütsbewegung verhilft. Szenen wie die bei Brecht und hier bei Mörike haben sich sozusagen in mir eingenistet. Gewiss, ich sehe diese Genrebilder jederzeit. Dies gelänge aber gar nicht, wenn ich nicht in einer Art äußerster Zufriedenheit den Kunstgriff zu schätzen wüsste. Das ist Verwunderung und Bewunderung in einem. Ich kann sicherlich längst nicht mehr ganz unberuflich lesen, muss also jedes literarische Kunstwerk auch vom Kollegenstandpunkt aus sehen. Das bedeutet fast dann auch, wie bei *Denk es, o Seele*, so etwas wie Eifersucht aufs einmal und wie für alle Mal gelungene Gedicht über die Angst vor dem Tod. Oder, statt Angst, denn Mörike ist mehr des Sterbens eingedenk als angstvoll, über diese Zeile des Paulus: *Herr, lehre uns bedenken, dass wir sterben müssen, auf dass wir klug werden.* Dass es »für alle Mal« gelungen sei, muss ich selbstverständlich beim täglichen Schreiben vergessen.

Vielleicht gehört es bei mir zum Wesen eines sogenannten Lieblingsgedichts, dass es früher ein Lieblingsgedicht war, in einem entscheidenden, in meine Laufbahn eingefügten Moment, und Anhänglichkeit bestimmt mich, wenn ich an dem Gedicht festhalte, die Zündung zwischen ihm und mir selber aber vergessen habe. Fast kommt mir seit einiger Zeit jeder Zugewinn wie Untreue vor. Wann denn bloß zum allerersten Mal sank mir *Wanderers Nachtlied* wohltätig, indem es schmerzbestätigend wirkte, ins Bewusstsein?

Der du von dem Himmel bist / Alles Leid und Schmerzen stillest / Den, der doppelt elend ist, / Doppelt mit Erquickung füllest / Ach, ich bin des Treibens müde! / Was soll all der Schmerz und Lust? / Süßer Friede, / Komm, ach komm in meine Brust.

Dass ich das unterwegs auswendig bei mir habe, nicht, wie bei *An den Mond* zum Beispiel, Schuberts Musik beim inneren Vollgenuss zu Hilfe nehme, Goethe allein, und in keiner Minute der Vergewisserung jemals ohne Wirkstoff für mich, das beruhigt mich, wappnet mich für jedes denkbare Exil.

Wahrscheinlich suche ich ja immer, und nicht nur in der Dichtung, auch in Musik und Malerei, nach meinem eigenen Lebensgefühl, und es kommt zum schönen Vollzugsereignis, wenn ich es wiederfinde, von einem anderen und doch wie von mir selber: die Bestätigung, die Auflösung von verworrenen Verkehrtheiten in Übereinstimmung. Eine Einladung zum Aufatmen. Es muss in so beschaffenen Kunstwerken ein Schmerzbewusstsein sich mitteilen. Versessen bin ich darauf, dass unser menschliches Existieren als Schwebezustand zwischen Himmel und Erde betrachtet wird, oder, besser so: zwischen Erde als dem Platz, an dem wir jetzt sind, und dem Himmel, der als Sehnsucht überhaupt erst das Dichten, Malen, Komponieren erweckt. Vorweggenommene Abschiede wie bei Mörike, das Genughaben vom Auf und Ab im Leben wie bei Goethes nächtlichem Wanderer vermitteln mir die eigenen Gemütserfahrungen und erwirken einen kleinen besänftigenden Transport im Bewusstsein. Im Grunde singt John Lennon dasselbe, ich habe im Notversorgungsfach vom Kalenderchen ein paar *Beatles*-Liedtexte, und ich lese »... *take a sad song, and make it better* ...« wie eine Antwort auf viel Befragtwerden danach, warum denn ein »trauriges« Gedicht nicht traurig mache.

Ich bin aber in meinen Vorlieben nicht ganz so einseitig für die Melancholien, wie es bis jetzt aussieht. Als vergilbten Papierschnipsel trage ich auch die *Ermahnung* von Christian Hofmann von Hofmannswaldau mit mir herum: Es kann sein, dass mir, von einem Kalenderblatt, mein Vater diesen Ausschnitt gemacht hat, oder nein: Eine solche Bastelarbeit passt noch besser zu meiner Mutter. Und da lese ich, ohne von zu viel Beherztheit erschreckt zu werden:

Ach, was wollt ihr trüben Sinnen / Doch beginnen! / Traurigkeit hebt keine Not; / Es verzehret nur die Herzen, / nicht die Schmerzen, / Und ist ärger als der Tod. / Auf, o Seele! Du musst lernen, / Ohne Sternen, / Wenn das Wetter tobt und bricht, / Wenn der Nächte schwarze Decken / Uns erschrecken, / Dir zu sein dein eigen Licht.

Soviel ich weiß, ist das nur ein Teil des längeren Gedichts. Und auch *An sich* von Paul Fleming habe ich nur als Auszug bei mir, vielleicht sind das meine Lieblingsstellen? Vielleicht kann ich nur bei Barockdichtern auch von Ermunterungen Gebrauch machen, empfinde sie als Beistand beim täglich immer wieder zu wiederholenden Unternehmen des Aufraffens:

Sey dennoch unverzagt. Gieb dennoch unverlohren. / Weich keinem Gluecke nicht. Steh' hoeher als der Neid. / Vergnuege dich an dir / und acht es fuer kein Leid / hat sich gleich wieder dich Glueck' / Ort und Zeit verschworen.

Meine Lieblingsstelle in der zweiten Strophe enthält diese Ratschläge – und fast muss ich an Brechts Bild vom selbstverständlichen Beistand denken – Fleming aber spricht von Erwachsenen: »Nim dein Verhaengnueß an. Laß' alles unbereut.« Dann aber gibt es Tage, an denen ist mir am allermeisten nach dem Kinderballadenlied vom Bucklicht-Männlein zumute, und ich liebe daran gerade, dass ich nie hinter das Geheimnis dieser kleinen Figur kommen kann. Lästig und liebenswert zugleich ist der rätselhafte und etwas unheimliche Störenfried, und nie weiß ich ganz genau, wer am gründlichsten bedauert werden muss: das Männlein oder das erzählende und vom Männlein auf Schritt und Tritt verfolgte Mädchen:

Will ich in mein Gärtlein gehn,
will mein Zwiebeln gießen,
steht ein bucklicht Männlein da,
fängt als an zu niesen.

Will ich in mein Küchle gehn,
will mein Müsli kochen,
steht das bucklicht Männlein da,
hat den Topf zerbrochen.

Will ich in mein Keller gehn,
will mein Weinlein zapfen,
steht das bucklicht Männlein da,
tut mir'n Krug wegschnappen.

Will ich auf mein Boden gehn,
will mein Hölzlein holen,
steht das bucklicht Männlein da,
hat mir's halt gestohlen.

Geh ich in mein Kämmerlein,
will mein Bettlein machen,
steht das bucklicht Männlein da,
fängt als an zu lachen.

Wenn ich an mein Bänklein knie,
will ein bisschen beten,
steht das bucklicht Männlein da,
fängt gleich an zu reden:

Liebes Kind, ach ich bitt',
bet für's bucklicht Männlein mit!

Wenn ich in Diskussionen mit Lesern Glück habe und erklären
soll, warum nach Prosatexten und Gedichten immer Fragen

übrig bleiben, dann fällt mir Walter Benjamins Plädoyer gegen endgültige Antworten ein. Einem Gedicht, das ganz und gar verstanden werden kann, fehlt dem nicht zum Beispiel die eigene Zukunft, denke ich eben, während ich versuche, mich an mein Lieblingsgedicht des amerikanischen Lyrikers William Carlos Williams zu erinnern. Ehe mir der Text zur Verfügung steht, sehe ich die Szene, die er heraufbeschwört, und so genau wie die Einstellung in einem Film. Den Anfangssatz weiß ich immer sofort. Wie oft benutze ich dieses »So viel hängt ab von ...« für mein eigenes Anschauungsmaterial bei Wegstrecken wie der gegenwärtigen, beim zufälligen Blick aus dem Zugfenster, und immer gelingt dann die winzige Metamorphose, ein Alltagsdetail aus einer fremden Biografie wird kurz und intensiv zu meinem eigenen, eine gemeinsame Lebensminute ergibt sich; beim Vorüberfahren an einem Schlafzimmerfenster mit ausgekippter Ladung Bettwäsche bin ich diese jüngere Hausfrau da – schon vorbei, neugierig und mit einem dringenden Wunsch an ihre Adresse gewesen.

> So viel hängt ab
> von
> einem roten Hand-
> karren
> glasiert vom Regen
> nass
> bei den weißen Hühnern.

Wenn ich wieder zu Haus bin, will ich mir den Gedichtband des William Carlos Williams vornehmen, plane ich. Aber wird es dazu kommen? Zu Williams' Schnappschüssen aus sehr einfachen Sätzen fallen mir die Bilder des amerikanischen Malers Edward Hopper ein. Eine Tankstelle, eine Snack-Bar, Landschaft, die Williams'schen Hausfrauen, Zustandsbeschreibungen, die Lakonie der puren Aussagen: lauter Momentaufnahmen, die über die fixierte Gegenwart hinausreichen und in die jeweilige Vorgeschichte eines Portraits Zukunftserwartung integrieren. Statisch wirkt das nur, eine verborgene Spannung lauert dem Leser, der ein Betrachter ist, auf. Beruflich gesehen, imponiert mir Williams' Entschlusskraft beim Verzichten auf seinen persönlichen Kommentar. Was nicht alles versteht er wegzulassen! Und es der Phantasie dessen, den er zum Beobachten einlädt, anzuvertrauen. Immer den »kleinen wahren Moment«, und hiermit habe ich wieder mich selber zitiert, und es sind diese Kunststückchen vom präzisen Gelingen, in solchen triftig-richtigen Momenten, denen auch ich hinterher bin.

Mit Goethes Empfehlung übrigens, wie mir jetzt einfällt: Von ihm stammt das Schlüsselerlebnisgedicht »Eigentum«, und ich kann es jederzeit auswendig, vielleicht, weil ich versucht habe, es zu vertonen. Es war aber seine Botschaft, vorgewusst, mir ohnehin so immanent, wie es sein muss, damit der Glücksgenuss entstehen kann, die ich zum richtigen autobiografischen Zeitpunkt empfing: traurig damals, noch ratlos traurig, über einen, wie es zunächst doch einseitig erschien, verlorenen Vater, der gestorben war.

Ich weiß, dass mir nichts angehört
Als der Gedanke, der ungestört
Aus meiner Seele will fließen,
Und jeder günstige Augenblick,
Den mich ein liebendes Geschick
Von Grund aus lässt genießen.

»Die möglichste Masse von vernünftigen glücklichen Momenten« solle das Leben eines Menschen, und wieder heißt es »eines vernünftigen Menschen«, enthalten, notierte Goethe auf seiner italienischen Reise am 27.10.1787 – und meine bundesrepublikanische Reise, im August 1982, steht unter dem gleichen Motto, wie jede andere Reise auch … und wie Zuhaus-Bleiben erst recht.

Der Sprung in die Freiheit

Noch ist es nicht ganz Tag vor meinen Fenstern, noch macht eine letzte Nachtdämmerung im November die Szenerie interessanter, vielversprechend. Und ich stelle mir, ganz ähnlich meinen, die ersten aufgewachten Augenblicke des Paul Gerhardt vor. Und dass ihm bei den schon (und auch mit Absicht, er hat sich das angewöhnt) himmelssüchtigen inneren Monologen ein Bibelwort im Bewusstseinsstrom Ordnung macht. Ihm fällt Jesu Christi, dieses Vermittlers zwischen Gott und uns, Freundlichkeit ein: »In der Welt habt ihr Angst, aber seid getrost, ich habe die Welt überwunden.« Und diese Angst in der nächsten Nähe der Angstüberwindung inspiriert Paul Gerhardt zu Notizen für die heutigen ersten Zeilen: So will ich es einrichten, ich spiele es. Aus Dankbarkeitsbesänftigung lasse ich den Frühaufsteher diesmal in seiner gläubigen Fügsamkeit, mit der er die kreatürliche Verzweiflung der Sterblichkeit niederzwingt, »Gib dich zufrieden und sei stille« schreiben. Genauso gut könnten es auch »Befiehl du deine Wege« sein oder die acht Strophen im Lied über die großen Vorzüge der Geduld.

All dieses »Stillesein« im Vertrauen auf Gottes Zusage (»Kommt wieder, Menschenkinder«, »Gott wird abwischen alle Tränen«) könnte täuschen: Ein unangefochten-simpler Tröster ist Gerhardt ganz und gar nicht. Keine Verwechslung der einfach nur wirkenden, in Wahrheit extrem komplizierten Glaubenszuversicht mit Resignation! Ich muss wieder (kann sie nicht auswendig) alle Strophen der Lieblingslieder aus meinem alten Konfirmanden-Gesangbuch lesen: »Mach ein End« – Flehen! In der überhaupt nicht tröstlichen Panik der Vergänglichkeit wird der Dichter zwar nie agnostisch, aber doch aufsässig. In vielen Zeilen bleibt er überhaupt nicht nur fatalistisch, nicht beschwichtigend und still ergeben; sanftheitsdemütig allerdings, doch mehr des Existierens überdrüssig als todesängstlich.

Sein im Todesheimweh nistender Wunsch, die unzulängliche irdische Existenz zu überwinden und umzutauschen in die wahre, die definitive, und die des Erbarmens bedürftige Kreatürlichkeit loszuwerden (»Herr, erlöse mich von dem Leibe dieses Fleisches«), dieser dringende Wunsch drückt das Verlangen nach der Ewigkeit aus. Nach den »himmlischen Vorhöfen« in der »zukünftigen Stadt«. Ein in seinem Vorausjagen verwegener Wunsch. Er ist für mich jedem noch so wirksamen Sedativum – denn er ist zugleich das extremste Stimulans – unendlich weit überlegen. Er löst eine allerhöchste Friedfertigkeit aus (»… du erquickest meine Seele …«), ja Vorfreude. Paul Gerhardt ist es gelungen, seinen Glauben zur Selbstverständlichkeit zu machen: »Es ist aber der Glaube eine gewisse Zuversicht / Des, das man hofft, / Und ein Nichtzweifeln an dem / Das man nicht sieht.« Über das schlichte Ergebensein hinausgestreckt wirkt der Wille, sich an die göttliche Zusage zu halten: »Ich vergesse, was dahinten ist, / Und ich strecke mich zu dem, / Das da vorne ist.« Da vorne ist »das hochgesteckte Ziel«, es ist die Vernichtung des Sterbens im Tod. Gerhardt, der Elegiker, nimmt den Elegiker Sören Kierkegaard mit diesem »Sprung in die Freiheit« durch den Glauben vorweg. Und er ist ein entschlossener Nachfahre des Paulus, dem es »das Beste wäre, endlich abzuscheiden«.

Gottes Verheißung haben wir. Aber noch ist sie uneingelöst. »Ergreifen« – »es« kann keiner, der lebt, nicht einmal der Papst, nicht vor dem Tod. Nach dem – womit Karl Barth einen todesverängstigten Studenten aufmunterte – »der Vorhang doch erst richtig aufgeht«. Das Sterben allerdings, das bleibt die elendiglichste aller Ungewissheiten.

Ein Pfarrer gab mir einmal zu bedenken, dass wir durch Jesu Christi Tod bereits erlöst seien. Warum aber fühlen wir Schwachen uns doch immer wieder unerlöst? Immer der Vergänglichkeit eingedenk, stelle ich mir ein mit dem Dichter gemeinsames Lebensgefühl vor, und das inmitten von den todesumschlungenen irdischen Vergnügen: Oh ja, es gibt sie, die irdischen Vergnügen, das macht ja den Tod so schwierig! Todessehnsucht bei noch so viel Bodenhaftung!

»In der Welt habt ihr Angst«, dieser lapidaren Aussage über unser Lebensgefühl folgt »… aber seid getrost, ich habe die Welt überwunden«. Und beide Informationen über unsere weltliche Befindlichkeit, ihr Sosein, ihr So-sein-Dürfen, durchscheinen Gerhardts Angsthaben und Getrostsein in den Liedern. Nach künstlerischer Ungeschicklichkeit sieht es da und dort nur aus: Die Contrafaktur engt das Reimen ein. Ohne den Rhythmuszwang, die Tyrannei der vorgefundenen Melodie weltlicher Lieder, wären die Verse literarisch »einwandfrei« geglückt; berühmtes Beispiel: Paul Fleming dichtete auf »Innsbruck, ich muss dich lassen« Lichtenbergs Lieblingslied »In allen meinen Taten«. Er weinte die Tränen des Vertrauens beim Anhören.

Die ernst-frohe Wahrheit über uns beschwichtigt mich. Dem unglücklichen Scheitern des Diesseitigen wohnt doch immer das noch nicht »ergriffene« endgültige Glück schon ein.

»Herr, ich glaube. Hilf meinem Unglauben«: Diesen Zwiespalt-Spagat des vom Verstand – der die Vernunft behindert – eingesperrten Menschen betete Martin Luther. Paul Gerhardt wurde geholfen, und »ich glaube« blieb übrig.

Übrigens brauche ich mich überhaupt nicht zu grämen, wenn trotzdem mir – und es geht mir gut – »Warum sollt ich mich denn grämen« im Kopf herumgeht. Um Gerhardts der irdischen Melancholie abgezwungene Zeilen zu genießen, brauche ich keine trübselig-verworrene Gemütsverfassung. Ich brauche keinen Beschwichtigungsrat, wenn es »Gib dich zufrieden und sei stille« in mir singt.

Aber schon gleich beim Aufwachen, diesem traumstörrischen Nachtabschied, unterstütze ich meinen Widerstand gegen das Aufstehungsbehagen mit dem Kirchenliederprogramm. Und wenn es sich noch so depressiv zum »hochgesteckten Ziel« hinweint, es wirkt aufhellend, vertrauenerweckend. Eher ohne dass ich es merke, inmitten der Langweiligkeit täglicher Wiederholungen (vom Bettenmachen bis zum Zwiebelschneiden und sogar auch bei Pflichtausübungen am Schreibtisch) leisten mir Melodien und Textanfänge, auch weltlicher Musik, Gesellschaft. Mein Vater und die Sonntagsandachten für seine Diakonie-Schwestern wirken gewiss nach: Dieser zukunftweisenden Kindheitsprägung verdanke ich den speziellen Paul-Gerhardt-Optimismus. Seine Strophen illuminieren mich immer wieder mit ihrer Mischung aus Lebensaufsässigkeit und Ewigkeitszuversicht mit dem Heimweh nach der endlich unendlichen Freiheit.

Zeitgenössischen Kirchenliedern kann ich keine Epiphanien abgewinnen. Die Verfasser – darin vielen heutigen Pfarrern gleich – machen einen feige-weltlich gesonnenen, törichten Bogen um die Ernsthaftigkeit der Barockdichter. Bei ihnen wird nur noch – und nichts Genaues aussagend – munter das Licht gefeiert, Sonnenlicht, alles affirmativ irdisch, keine Gnadensonne mehr, könnte ja als zu jammervoll erschrecken! Gott, Heiliger Geist – vermiedene Fremdwörter. Erlaubt – neben dem ominösen Licht – ist dann und wann doch Jesus Christus, besser ohne »Christus« und vielleicht nur, weil er immerhin ein Mensch war.

Schnell lieber wieder Paul Gerhardt: »Ich will geh'n in Angst und Not / Ich will geh'n bis in den Tod / Ich will gehen ins Grab hinein / Und doch allzeit fröhlich sein.« Es geht mir gut, ich bin vergnügt, ich freue mich auf irgendwas pur Irdisches – Chili? Vanilleeis? Espresso? Gauloise? Auf ein Buch, einen Film?

Auch an diesem Tag wird es Akzente geben, und auf die freue ich mich ganz im »*Carpe diem*«-Sinn. Und dazu passt trotzdem, dass es »Aus tiefer Not schrei ich zu dir« singt, nur scheinbar ein Widerspruch, nur auf den ersten Blick. Genau betrachtet, ist es genau so richtig.

In kleinen Epiphanien öffne ich mich dem Heiligen Geist

»Ich glaube, weil mein Vater es gesagt hat.« Kierkegaard spricht für mich mit. Anders als er hatte ich allerdings großes Glück mit meinem nicht strengen, nie oktroyierenden, immer liberal-toleranten Vater. Der hatte mich, zusammen mit meiner kongenialen Mutter, durch seine ins tägliche Leben integrierte Art zu glauben an die christliche Religion und damit zugleich an die Trinität gebunden: Ein besseres, nie enttäuschendes Lebens-mittel kann es nicht geben. Mit dem bedingungslosen Ver-trauen, auf dem auch alles zu Glaubende basiert, bin ich also dank meiner Eltern aufgewachsen. Und ich brauche dringend dieses Vertrauen angesichts der komplizierten und vielfach sehr unterschiedlich interpretierten Trinität. Mit der komme ich täglich nicht gleich gut zurecht, an Tagen mit Deutungs-Schwierigkeiten lasse ich der Einheit in der Dreiheit ihr Ge-heimnis. Ich muss mir die Dreifaltigkeit entkomplizieren: um ihres Gebrauchswerts willen. Ich bin entschlossen, zu verste-hen, woran ich glaube, denn ich kann mich dabei selber verste-hen. Die Dreiheit der göttlichen Personen, Vater, Sohn, Heiliger Geist in der Einheit des göttlichen Wesens. Das kann ich verste-hen. Nicht aber, dass diese drei ihrer Substanz und göttlichen Natur nach dann doch nur wieder ein einziger Gott sind. Und die Selbsterschließung Gottes und dass in der bildenden Kunst der Heilige Geist als Taube dargestellt wurde: Hier hilft dem Verstehen nur, dass der Apostel Paulus es auch nicht verstanden hat. Tröstliche und wohltuende Sätze: »Nicht dass ich's schon ergriffen hätte, aber ich jage ihm nach, dem hochgesteckten Ziel, dem Kleinod, welches uns vorhält die himmlische Beru-fung Gottes in Jesum Christo.« »Jetzt sehen wir in einen Spiegel in einem dunkeln Wort, dann aber ...« Vertrauensvolle Hin-gabe an diese Verheißung des »dann aber«. Gott, der Vater, Jesus, sein Sohn, und der Heilige Geist: Sie haben Geduld mit mir.

Ich ergreife das, was ich verstehe: Gott, der Vater hat mir Jesus, seinen Sohn, zum Vermittler seiner Zusage über unsere irdische Vergänglichkeit hinaus in die Herrlichkeit in Ewigkeit gemacht, und ein Heiliger Geist geht von dieser Frohen Botschaft aus – wenn ich so, in kleinen Epiphanien, denken kann, scheint Licht auf im dunkeln Wort.

Der doppelte Vater

Mein Goethe fängt mit einer großen schönen kühnen Behauptung an: »Der du von dem Himmel bist …«, und es tut mir gut, die ruhige Wucht der Anrede mitzuempfinden. Kein Widerspruch! Aber plötzlich bekomme ich Sehnsucht nach einer melancholisierenden Beimischung, und ich nehme *meinen* Schubert zu Hilfe und *meinen* Goethe in Liedform zu mir.

Der du von dem Himmel bist,
Alles Leid und Schmerzen stillest,
Den, der doppelt elend ist,
Doppelt mit Erquickung füllest,
Ach, ich bin des Treibens müde!
Was soll all der Schmerz und Lust?
Süßer Friede,
Komm, ach komm in meine Brust!

Ich bin unterwegs. Ich bin auf einer meiner Lese-Dienstreisen und zu früh am Bahnsteig, für die Weiterfahrt nicht gut genug gestimmt, nicht ausgeschlafen, meiner Umgebung nicht wirklich und nicht selbstverständlich zugehörig. Zu viele Augenblicke auf dieser Strecke empfinde ich als nur leer zermürbend, als unverankert. Doch es ist ja immer auch und wo ich bin eine Strecke durch meine eigene Lebenszeit, also geht es um jede Minute! Ich spüre, dass in einer unwichtigen Überanstrengung Zeit vergeht, und wenn sie auf solche Weise vergeht, dann wird sie vergeudet. Ungenutzte Momente! Ich kenne aber doch die Gegenmedizin. Ich habe doch die kleine Reiseapotheke mit dem Stoff fürs Bewusstsein bei mir. Im Innern sage ich auf: Goethe, wie meistens; jetzt das Gedicht »Eigentum«.

Ich weiß, dass mir nichts angehört
Als der Gedanke, der ungestört
Aus meiner Seele will fließen,
Und jeder günstige Augenblick,
Den mich ein liebendes Geschick
Von Grund aus lässt genießen.

Gewiss ist das da am Bahnsteig nicht von sich selbst aus ein
»günstiger Augenblick«. Er ist es nicht, solange ich ihn nicht
dazu mache. Doch ehe ich es auch nur versuche, willkürlich
und vernünftig, bändigt und mäßigt mich Goethes Text selbsttätig, Wort für Wort, als Poesie und Mitteilung, mildernd, er-
hellend. So soll es sein, denke ich, mit der Dichtung, die nie den
Verstand allein beschäftigt, sondern die hier von Goethe ohne
Scheu zitierte Seele treffen möchte.

Weiter, nur weiter höre ich es dennoch bald schon wieder in
mir antreiben. Wie unklug ist der Wunsch, hamsterartig kopf-
los durch die Stunden zu kommen, ich weiß es ja. Das ist eine
selbstgemachte Verwundung. Ich beschädige eine autobiografische Gelegenheit. So unscheinbar sie auch sein mag: Sie zu versäumen muss Undank sein, Gedankenlosigkeit. Ich brauche einen Ausweg, Landgewinnung, Rückkehr. Ich finde sie immer,
die vorübergehende Lösung, die Höchstdosis für die Seele,
durch welche die Seele überhaupt erst wieder tätig wird, und
ich benutze im inneren Repertoire die Kombination Goethe-
Lyrik und Schubert-Musik, ganz wie vorhin und mit dem gleichen Vertrauen.

Wer sich der Einsamkeit ergibt,
Ach! der ist bald allein;
Ein jeder lebt, ein jeder liebt,
Und lässt ihn seiner Pein.

Ja! lasst mich meiner Qual!
Und kann ich nur einmal

Recht einsam sein,
Dann bin ich nicht allein.

Es schleicht ein Liebender lauschend sacht,
Ob seine Freundin allein?
So überschleicht bei Tag und Nacht
Mich Einsamen die Pein,
Mich Einsamen die Qual.
Ach, werd ich erst einmal
Einsam im Grabe sein,
Da lässt sie mich allein!

Mein Goethe, so therapeutisch verwendet, dieser Goethe, er
wäre Goethe selber gar nicht recht. Ihm waren die unselbst-
ständigeren Vertonungen der Zeitgenossen lieber, und Franz
Schubert hat er zurückgewiesen. Ich kann es verstehen. Schuberts Genie lässt einfach nicht zu, dass Goethes Text dominiert,
und ein Gleichgewicht entsteht, eines ohne Rangordnungen
und Unterscheidungen. Ist also die Kongenialität auch ein bisschen gefährlich, bald dem Text, bald der Musik?

Über allen Gipfeln
Ist Ruh,
In allen Wipfeln
Spürest du
Kaum einen Hauch;
Die Vögelein schweigen im Walde.
Warte nur, balde
Ruhest du auch.

Habe ich jetzt nicht vielleicht mehr auf die Melodie geachtet als
auf den großen poetischen Text? Kann ich beide Reaktionen
voneinander trennen? Aber dieses Goethe-Gedicht habe ich auf
eine Weise gern, die mich nichts entbehren lässt, wenn ich
Schuberts Musik weglasse.

Über allen Gipfeln
Ist Ruh,
In allen Wipfeln
Spürest du
Kaum einen Hauch;
Die Vögelein schweigen im Walde.
Warte nur, balde
Ruhest du auch.

Nicht zu ergründen, wieso mir diese Todesverheißung keine Angst macht, wieso ich traurig bleibe und sorglos werde. Es muss mit der Wahrheit selber zu tun haben, dass ich zum todesgewissen »Warte nur« und dem sicheren »Balde« so unzaghaft »Ja« sagen kann. Nur in der vollkommenen und äußersten Schmerzzufuhr kann ein Glücksgefühl als etwas Abgerundetes erfahren werden, denke ich. Inmitten dieses Schmerzes steckt so ein Glück, wahrhaftig.

An den Tod zu denken hielt Goethe nicht erst 1824, nicht erst mit 75 Jahren, für selbstverständlich – schließlich haben wir »Die Leiden des jungen Werthers« gelesen – aber im Gespräch mit Eckermann hört es sich, beneidenswert gelassen-beruhigt, so an:

»Mich lässt dieser Gedanke (an den Tod) in völliger Ruhe, denn ich habe die feste Überzeugung, dass unser Geist ein Wesen ist ganz unzerstörbarer Natur; es ist ein fortwirkendes von Ewigkeit zu Ewigkeit. Es ist der Sonne ähnlich, die bloß unsern irdischen Augen unterzugehen scheint, die aber eigentlich nie untergeht, sondern unaufhörlich fortleuchtet.«

Der Mangel an Beweiskraft macht mir hier, bei Goethe, gar nichts aus. Naturwissenschaftlich gesehen mag Goethes Zuversicht naiv oder vage wirken, eine theologische Lösung bietet er nicht, etwas Rezeptartiges auch nicht, und doch – wieso erweckt dieser Befund so viel Vertrauen? Es geht etwas ansteckend Zugkräftiges davon aus, und das stammt vielleicht hauptsächlich von einer mutigen Entschlusskraft ab, die das

Verzagen für müßig erachtet. Goethe gibt mir hier eine Art von Prosa-Ergänzung zum friedenverströmenden Gedicht mit der Verheißung »Warte nur, warte nur ... balde/ruhest du auch«. Man kann ja fast dazu lächeln, oder nicht, spürt Einverständnis, stimmt's? So würde ich gern mit einer geliebten Person sprechen, mit jemandem, der alt ist und sterben wird. Warum kann nicht einmal mit Goethes Beistand so zwischen Menschen geredet und hin- und hergefragt werden? Gibt es das nicht auch, ab und zu wenigstens, eine Art Vorfreude, beim Annähern an den Tod? Verscheucht ist alle Panik, bitte, lass es für dich so sein, mach doch Gebrauch vom in der Welt Vorgedachten, nimm Zeile für Zeile.

Es macht mich immer wieder einmal etwas argwöhnisch gegen mich selber als Goethe-Lyrik-Verbraucher – das bin ich ganz im Sinn einer Nutzanwendung, Goethe hat das von Dichtung auch so gewollt –, macht mich argwöhnisch, dass mir der Kollaborateur Franz Schubert mit seinen Depressionszutaten so wichtig ist. Mein Vater, ein Goethe-Kenner, und auch eine Tante, die Musikerin ist, beide demnach keine naiven Kunstliebhaber, sie plädierten immer für den Goethe ohne Musikuntermalung.

Habe nun, ach! Philosophie,
Juristerei und Medizin
Und leider auch Theologie
Durchaus studiert, mit heißem Bemühn.
Da steh ich nun, ich armer Tor!
Und bin so klug als wie zuvor;
Heiße Magister, heiße Doktor gar,
Und ziehe schon an die zehen Jahr
Herauf, herab und quer und krumm
Meine Schüler an der Nase herum –
Und sehe, dass wir nichts wissen können!
Das will mir schier das Herz verbrennen.
Zwar bin ich gescheiter als alle die Laffen,

Doktoren, Magister, Schreiber und Pfaffen;
Mich plagen keine Skrupel noch Zweifel,
Fürchte mich weder vor Hölle noch Teufel –

Zurück in meine Kindheit, zurück zu meinem Vater: Ich glaube, den habe ich, als ich ganz klein war und um ihm einen Spaß zu machen, mit Goethe selbst verwechselt. *Mein Goethe:* Das ist von allem Anfang an *Mein Vater,* ist also Vaterprägung, und weil das ein so geliebter Vater war, ist daraus für mich so viel Goethe geworden. Begünstigende Umstände von jeher, und sie sind natürlich nie mehr wegzudenken, es gibt daher nie mehr meinen von solchem Aufwachsen abgetrennten und sozusagen erwachsen gewordenen, objektivierten, selbstständigen Goethe – wahrscheinlich auch, weil ich das gar nicht will und nie angestrebt habe. *Mein* Goethe hat viel mit der Treue zur einmal gefundenen Identität zu tun, mit lebenslänglicher Anhänglichkeit … In leider, aber unweigerlich ausbleichender Handschrift meines Vaters, aus Briefstellen, auf Zetteln, hängt täglich in meiner Schreibtischgegend viel Goethe um mich herum, an Wände gepinnt. Ich möchte mich zurückversetzen! Ich spüre, wie jede einzelne Nachträglichkeit sich lohnt. Goethe spricht von der Pflicht, etwas gegen das pur Vergängliche zu setzen. Kein Lamentieren übers Vergebliche bringt weiter, bringt zurück. Also will ich mich nur zu gern an das Unvergängliche machen.

Unter Familienscherzverulkung zitiert mein Vater Goethe-Verse. Wir machen einen Spaziergang, wir sind im Wald, wir sind am Strand, mein Vater weiß, dass wir nicht genau zuhören und dass das dennoch keine Einbuße ist. Am liebsten haben wir die Stellen, an denen er, auswendig, nicht recht weiterkommt, und er freut sich sehr mit uns, muss ebenfalls lachen. Stockt er manchmal mit Absicht? Sein Zitieren hat überhaupt nichts von pädagogisierendem, langweilendem, feierlichem Schrecken der Unterhaltungssperre für die Kinder, für die jungen Leute, für die allmählich älter werdenden jungen Leute, seine Kinder, die wir bleiben, in seiner Gesellschaft. So ein Zitieren geschieht auf eine in den Alltag freundlich, aber auch überblickartig eingebaute Weise, auf Feriengängen und zwischen anderen Themen oder inspiriert von einem Naturanblick: Da spricht mein Vater einen Goethe-Text und weiß dabei, wünscht wohl auch, dass er unterbrochen werden wird, denn wenn das so ist, dann geht es uns allen gut, und wenn wir lachen müssen, weil er mit einer Gedächtnislücke zu kämpfen hat, dann weiß er, dass niemand unter uns sich mit einem Kummer quält. Wir fallen ihm ins Wort, wir erfinden kleine Goethe-Deformationen, sakrilegisieren, das Meer rauscht, der Wolkenhimmel ist aller Achtung wert, ach: Die Ingredienzen stimmen, »Wie an dem Tag/der dich der Welt verliehen«, der Vater wird schon recht haben, »Die Sonne stand zum Gruße der Planeten«, und Goethe hat recht, und irgendwann wird uns das Ganze schon nützen, denn einen solchen Goethe, Stelle für Stelle, so einen gar nicht unnahbaren, gar nicht entrückten Freund des Vaters, einen, über den man lachen konnte, im Einklang mit ihm und liebevoll und den Vater inklusive, den nimmt man ernst ein Leben lang, so ernst wie den Vater, so heiter machend ernst, und manchmal, wenn ich jetzt viel später vermute, etwas besser zuzuhören hätte uns gar nicht geschadet, falle ich meiner Selbstkritik ins Wort, denn ich fühle, beim Rückblick auf diese glücklichen Tage, dass alles ganz genau so richtig war. Ganz fehlerlos. Was jetzt nur allerdings manchmal fehlt, meiner Bestätigungssüchtigkeit, das ist der Vater, um es ihm zu sagen.

So einen unkonventionell benutzten Familien-Alltags-Spaziergangs-Goethe höre ich in meiner Erinnerung sogar als Kinderstimme: Mein jüngster Bruder hat, noch in weiter Entfernung von jeglichem Textverständnis, einfach nur um uns Ältere zu verblüffen, heimlich die »Urworte orphisch« auswendig gelernt; als Grafik und auf Bütten gedruckt hingen sie in meinem Elternhaus, in die Tür zur Bibliothek genagelt.

Wie an dem Tag, der dich der Welt verliehen,
Die Sonne stand zum Gruße der Planeten,
Bist alsobald und fort und fort gediehen
Nach dem Gesetz, wonach du angetreten.
So musst du sein, dir kannst du nicht entfliehen,
So sagten schon Sibyllen, so Propheten;
Und keine Zeit und keine Macht zerstückelt
Geprägte Form, die lebend sich entwickelt.

Sehr wichtig zu betonen, dass mein kleiner Bruder damals nur dem Überraschungseffekt zuliebe die Qual des Auswendiglernens auf sich genommen hat, er war das Gegenteil von streberhaft, und als Schulaufgabe hätte er den gleichen Prozess bis zur Verweigerung gehasst.

Das Wort *Vaterland* sprach man in der Goethezeit noch unbefangen aus. Die Nazivergangenheit hat Wort und Begriff in unserer deutschen Gegenwart alle Unschuld genommen. Ich benutze das Wort nie. Ich benutze auch das Gefühl nie. Ich habe es nicht, nicht in der unbefrachteten traditionellen Weise. Neulich habe ich aber doch *Vaterland* gesagt. Als Zitat, Goethe-Zitat, und trotzdem, trotz Goethe, durch den mir so vieles leichter fällt, mit gemischten Gefühlen. Wir waren im Verlauf eines Aussteigergesprächs – Thema: Wo lässt es sich eigentlich im Einverständnis mit der Außenwelt leben, gibt es so ein Land, in das man unbedingt überwechseln sollte; weg streben wir ja, doch wohin denn nur? –, und so waren wir, bald enttäuscht, bald grimmig, bald hoffnungsvoll, redend unter Freunden darauf gekommen, dass vielleicht sogar eine Beunruhigung, die man Freunden mitteilen kann, besser sei als eine fast ja auch an keinem Schauplatz denkbare Beruhigung, ungeteilt, ohne die Freunde.

»Da, wo wir lieben, ist Vaterland.«

Goethe münzte diese Zeile zwar auf seine Jugendfreunde am Herrgottsberg im Darmstädter Wald, aber abschiednehmend. Er war im Begriff, den Platz, an dem er liebte, *Vaterland* also in diesem seinem richtigen Sinn, zu verlassen, und empfand die

Tragweite. Ich fand den Hinweis darauf nützlich für den Freund. Ich denke aber auch an Eingeübtes zwischen mir und Landschaft, an Gewohnheiten, die einen Asylcharakter haben, an ein System der Anblicke, wenn ich selber gegenüber meiner Sesshaftigkeit rebelliere, denn auch *Heimat* sagt sich für mich nicht leichthin unbefangen, nicht ohne die schändende Naziremiszenz, trotz der Aufwertung von Wort und Begriff durch Ernst Bloch – und wenn ich unzufrieden bin, weg will, dann ziehe ich mich mit einem meiner Lieblingszitate aus Goethes Briefen an Charlotte von Stein zurück in die freundschaftliche Kulisse: »Die Sonne ist unter. Es ist eben die Gegend … so rein und ruhig und so uninteressant als eine große schöne Seele, wenn sie sich am wohlsten befindet …«

Wir haben erst vor Kurzem wieder am Meer, mein Mann und ich mit meiner Schwester und meinem Schwager, ein wenig väterliche Goethezeit, goethesche Vaterzeit nachgespielt, zu viert die größere Familiengruppierung von damals durch das Suchen von Erinnerungen ergänzend. Zärtliche, beschwörerische Proben, beim Zitieren, und in der Wiederholung fand die vergangene Gegenwart auf eine besondere Weise, nämlich liebend, wieder statt. Ich glaube, dass meine Nähe zu Goethe auch mit meiner Entfernung von Goethe zu tun hat, und dass mein Vater die Verbindung herstellt.

> Im Atemholen sind zweierlei Gnaden:
> Die Luft einziehen, sich ihrer entladen;
> Jenes bedrängt, dieses erfrischt;
> So wunderbar ist das Leben gemischt.
> Du danke Gott, wenn er dich presst,
> Und dank ihm, wenn er dich wieder entlässt.

Auf seinen Vater kann man nicht gut eifersüchtig sein, aber das wäre am Beispiel *genießen können* für mich tatsächlich angebracht, vorausgesetzt, aus dieser Eifersucht könnte ich ein Nacheifern machen. Ich bin sicher, meinem Vater gelang nicht nur das Goethe-Atemholen, ihm glückte auch das dazugehörende Gnadeempfinden: »Dank ihm, wenn er dich wieder entlässt.« Ich versuche mich nur in dem Gefühl. Meine Genussunfähigkeit empfinde ich als Unfertigkeit, als einen Reifedefekt, ganz töricht, und das wäre, von Goethe entfernt zu sein. In die Nähe rücke ich mich durch die väterliche Nähe. Und wieder ist mir diese Prothesenhaftigkeit ganz recht so.

Von meinem beruflichen Goethe-Verhältnis war also jetzt nicht viel die Rede, wozu auch. Ich denke, für mich und jeden Einzelnen meiner Kollegen ist hier ein währschafter Neid angebracht. Niemand mehr wird so berühmt sein können, wie Goethe war und bleibt. Ein schwieriges Kapitel. Man möchte den Kopf schön hoch oben tragen können. Nicht kleinlaut werden, nicht zerknirscht und dann privat verschwätzt herumjammern: ungoethehaft. Goethes Diskretionsstolz, den ich aus Briefen und Gesprächen und anderen Kontakten mit den Zeitgenossen spüre, er leuchtet mir immer als die einzig wahre, einzig mögliche Gangart durchs Dickicht sämtlicher Anhänglichkeiten und Ausfragereien ein. Auch bei seiner Leugnung der Todesangst (»… dieser Gedanke [an den Tod] lässt mich in völliger Ruhe«) – auch da wird er ja ein bisschen gemogelt haben, meine ich eben. Seine extremste Privatheit hat er gewiss keinem Zeugen mitgeteilt, denn dafür war die Dichtung da. Die starke Ruhe-Behauptung basiert, ich unterstelle das zu meinem eigenen schadenfrohen Vergnügen – schadenfroh gegenüber den Neugierigen –, auf einer Absicht, auf Entschlossenheit, und kommt einer Forderung ans eigene Bewusstsein gleich. Wie angenehm konträr verhält sich so ein Goethewort zum modisch-üblichen Anvertrauens- und Selbstentblößungstriebleben unserer Zeiten: hier die strenge Grenze und der Grenzpfahl *Verschwiegenheit,* da und heute die allseitige Anfassbarkeit, das Verdikt gegen alles irgendwie verdächtig Elitäre, unallgemeinverständliche Individualistische. In meinem Goethe-Taschenlexikon werde ich immer fündig, auf jeder Seite, und jetzt auch unterm Stichwort *Indiskretion.*

»Es ist kein Unterschied zwischen Aufrichtigkeit, Vertrauen und Indiskretion, vielmehr nur ein leiser Übergang vom Unverfänglichsten zum Schädlichsten.«

Ich möchte meine mir so angenehme Familie nicht herzeigen wie eine kleine verängstigte und vom Höheren – wie einem Goethe-Über-Ich – zu stark eingeschüchterte Menschengruppe, eine treue und etwas schrullige Vater-Gemeinde, die in einem betagten bildungsbürgerlichen Sinn schon ganz schön komisch geworden ist – aber vielleicht sind wir wirklich nicht ohne einen gewissen Sinn auch fürs Tragikomische zu verstehen. Das ist nämlich jetzt gerade wieder auf diese Höchstdosis-Weise, Schmerz- und Glückszufuhr in einem, *mein Goethe* gewesen, nach gemeinsamen Meeresferien, beim Abschied von meiner Schwester, *mein* Goethe, durch *ihren* Goethe, und beide vom Vater und von der Kindheit und allen darauf folgenden geprägten Jahren abstammend: Meine Schwester hat mir ein winziges Goethebändchen heimlich hinterlassen, sie hat es mir gut und leicht zu finden versteckt, und ist auf diese Weise über die Abschiedsumarmung hinaus dageblieben. Und es ist für mich dieses kleine, ganz große Geschehen an sich, die Idee, noch viel mehr als das Bändchen selber: *mein* Goethe. Dieser Einfall zählt mehr als jede der ungefähr hundert Zitatstellen. Ich weiß gar nicht, ob ich oft in dem Büchlein lesen werde. Aber ich werde es immer bei mir haben, das weiß ich. Im Geschenk meiner Schwester ist sozusagen jede vom Vater rot angestrichene Zeile ganz selbsttätig wirksam, und fest steht auch, dass es selbstverständlich schon *Goethe* sein musste, bei dieser Liebesausübung und dringlichen Aktion in Sachen Unvergänglichkeit.

Meine Leidenschaft für
Martin Luthers Bibelübersetzung

»Man lebt und weiß den Tod. Alles andere ist Beschäftigungstherapie.« Mit dieser Diagnose von James Joyce sorge ich für
eine innere Balance. Pessimistisch in einem hoffnungsleeren
Sinn komme ich mir dabei gar nicht vor, im Gegenteil. Ich erkenne die maximale Voraussetzung, durch die ich ja erst ange-
trieben bin, mich zu demjenigen Beschäftigungsanteil an meinem Leben aufzuraffen, der todesbewusst und nicht mutlos auf
die Möglichkeiten nach den Abschieden vom Vergänglichen
setzt. Paulus, im Römerbrief, scheint aus der Joyce'schen Feststellung die Konsequenz zu ziehen: »Denn sofern ihr nach dem
Fleische lebt, geht ihr dem Sterben, sofern ihr aber durch den
Geist den Betrieb des Leibes sterben lasst, dem Leben entgegen.« Jede hiesige menschliche Möglichkeit ist vom Tod her de-
finiert. Manchmal sind mein Verstand und meine Phantasie so
schwunglos, dass ich den Wunsch zu glauben mir genügen lassen muss; dass ich die Sehnsucht, auf gar keinen Fall nicht zu
glauben, mit dem Glauben selber verwechseln kann. Dann nützen schon einfach die Satzgefüge und die Wörter Wort für
Wort, mit denen mir nur Martin Luther und kein anderer Bi-
belübersetzer die vorher grundsätzlich unanschauliche Gött-
lichkeit Gottes qualifiziert und inszeniert. Zum Beispiel im
dritten Kapitel des Römerbriefs steckt so ein Anti-Verweslich-
keitsmittel, ich fühle mich untergebracht, wortwörtlich fühle
ich zwischen mir und dem in Unendlichkeit aufgehobenen
Diesseits die einzig mögliche Verbindung, eine geheime und
geheimnisvolle Konferenzschaltung zu dem hin, was bei Paulus, bei Luther, »Kleinod« heißt; da steht: »Meine Brüder, ich
schätze mich selbst noch nicht, dass ich's ergriffen habe. Eines
aber sage ich: Ich vergesse, was dahinten ist, und strecke mich
zu dem, das da vorne ist, und jage – nach dem vorgesteckten

Ziel – nach dem Kleinod, welches vorhält die himmlische Berufung Gottes in Christo Jesu.«

Drei Bibeln liegen mittlerweile aufgeschlagen um mich herum, nun suche ich in der Zwergformatausgabe des Neuen Testaments nach wieder einer anderen Lieblingsstelle, nach mir selber in meinen Hotelzimmer-Erinnerungen, bei Stichproben in der Bibel: Ich wohne in Zimmer-Nummer 159 und schaue auf der Seite 159 nach, und so bin ich drauf aus, die bloß geschäftigen Überstunden nun aber, vor dem Schlafengehen, doch noch wettzumachen – womit eigentlich genau? Ich treffe auf die tief schwarz gedruckten Kernsätze, auf meine eigenen Kreuzchen und Striche, und finde meine vergangenen Gemütsbewegungen und sogar Schauplätze und doch immer noch nicht die Passage, nach der mir jetzt zumute ist, nach einer zornigen Ermahnung des Apostels Paulus; ich weiß jetzt nicht genau die Adressaten dieser bestimmten Epistel gegen »Schmausereien und Saufgelage«. Früher hätte ich meinen Vater gefragt und für mich beschäftigt. Er wäre so bereitwillig und so zuverlässig an diese Ermittlungsarbeit gegangen und so schnell fündig geworden, dass er sie mir zuliebe ausgebaut hätte. Heutzutage prüft ein Freund für mich im griechischen Original nach, ob mit »Erfahrung« oder mit »Bewährung« Martin Luther dem Original näher kam, und gestern ging es mir auch nicht besser, als ich mich in der riesigen Luther-Bibel aus dem Jahr 1662 festlas, umgeben von der vielsagenden Stille in der Bibliothek meines Vaters. Denn in der Bibel auf diese Weise zu lesen, nämlich fahndend, vor- und zurückblätternd, das bedeutet für mich immer, dass ich mich in ein geistiges Gebiet der extremsten Anziehungskraft versetzt fühle. Dass ich nachdrücklicher als bei jeder anderen Lektüre die Notwendigkeit empfinde, jetzt nicht aufzuhören, jetzt eine Erfahrung zu machen, weiterzulesen …
Es ist nur für mich selber und für mein Fortkommen im Bewusstsein an diesem Tag von Nutzen, dass ich nun auch noch Karl Barths »Römerbrief« zwischen den überall mit Hinweiszettelchen versorgten Bibeln aufgeschlagen habe, fast egal, an

welcher Stelle. Die Bibeln, so bepflastert, sehen allmählich wie Patienten in einer Ambulanz aus. »… ihm nachjagen … dem vorgesteckten Ziel …« Das entspricht meinem leitmotivischen Gefühl. Es ist, in einer merkwürdigen Mischung, epigonal und pionierhaft in einem.

Und dauernd spüre ich, dass das Bemühen, meine Leidenschaft zu Bibeltexten in Martin Luthers Prosa in überschaubare Worte zu fassen, mit dem Überangebot lebenswichtiger Texte kollidiert. Wenn ich mit einer Arbeit wie dieser trotzdem anfange, empfinde ich gleichzeitig: Ach, das kann ich ja wirklich nicht machen – *und:* Oh doch, das muss ich wirklich und wahrhaftig aber machen. Die Resignation und das Abwinken, sie müssen also unterliegen, denn der Zwang, zuzusagen, der profitiert von einem moralischen Faktor. Der bewirkt, dass ich mich aufraffe. Dass ich denke: Davor solltest du dich nicht drücken. Hinzu kommt eine berufliche Melancholie, weil mir manchmal einfällt, wie viele Bibelseiten ich in schon so vielen meiner Bücher reflektiert oder nur montiert und eingeschmuggelt habe. Wie oft versuchten meine Protagonisten das: sich mit der Zugkräftigkeit biblischer Luther-Sätze aus trüber leerer Geduckftheit ihrer Diesseitigkeits-Sackgassen in Himmelsnähe zu katapultieren, kurzfristig – und, für mich selber, dann wieder wie für immer und zu tief versteckt. In welchem Roman habe ich den 42. Psalm zu Hilfe gerufen? Ich habe ihn nur stückweise (wieder eine Martin Luther-Vokabel: stückweise) zitiert, und ich habe auch »Es ist nur ein Schritt zwischen mir und dem Tode« als Ausdruck eines Grundgefühls in einer Collage der Ängste und der Gegenmaßnahmen verwendet. »In der Welt habt ihr Angst.« Oft bin ich nicht dazu aufgelegt, den Satz zu vollenden. »Aber seid getrost …« Dann sucht eine Traurigkeit nach nichts als der übergreifenden Traurigkeit, nach Übereinstimmung, und die Diagnose ist schon die Therapie. »Wie der Hirsch schreit nach Wasser, so schreit meine Seele, Gott, zu dir. Meine Seele dürstet nach Gott, nach dem lebendigen Gott. Wann werde ich dahin kommen, dass ich Gottes Angesicht schaue? Meine Tränen sind meine Speise Tag und Nacht, weil man täglich zu mir sagt: Wo ist dein Gott? Wenn ich denn des innewerde, so schütte ich mein Herz aus bei mir selbst.«

Mir fällt hier Kierkegaards Skepsis gegenüber Mitwissern, gegen das Anvertrauen ein, und seine Befürwortung der Verschlossenheit. Sein Herz ausschütten bei sich selber. Als jemand, der schreibt, könnte man angesichts der literarischen Ergiebigkeit der Bibel ja fast verzagen. Als Angebot für unsere menschliche Phantasie ist die Bibel ohnehin nicht zu übertreffen.

Weiter aber mit Davids »Sehnsucht nach dem Himmlischen«: »Was betrübst du dich, meine Seele, und bist so unruhig in mir? Harre auf Gott; denn ich werde ihm noch danken, dass er mir hilft mit seinem Angesicht.« Die dreimalige Wiederkehr dieses unerhört schönen Satzgebildes wirkt auf mich wie ein Sedativum ein, und auch wie von Programm-Musik mache ich Gebrauch bei psalmodierenden Passagen wie dieser, und ich verstehe die Tröstung und die Nervenbeschwichtigung, das Einschläfernde und In-Trance-Bringende von Litaneien, ihre Wohltat für Trauernde, Hinterbliebene.

Der 90. Psalm, in einer der Bibeln, die mein Vater bei Gottesdiensten benutzt hat, ist vom roten Schreibstift meines Vaters an vielen Stellen gekennzeichnet:

»Herr, Gott, du bist unsere Zuflucht für und für. Ehe denn die Berge wurden und die Erde und die Welt geschaffen wurden, bist du, Gott, von Ewigkeit zu Ewigkeit, der du die Menschen lässest sterben und sprichst: Kommt wieder, Menschenkinder! Denn tausend Jahre sind vor dir wie der Tag, der gestern vergangen ist, und wie eine Nachtwache. Du lässest sie dahinfahren wie einen Strom; sie sind wie ein Schlaf, gleich wie ein Gras, das doch bald welk wird, das da frühe blüht und bald welk wird und des Abends abgehauen wird und verdorrt. Das macht dein Zorn, dass wir so vergehen, und dein Grimm, dass wir so plötzlich dahinmüssen. Denn unsere Missetaten stellst du vor dich, unsere unerkannte Sünde ins Licht vor deinem Angesicht. Darum fahren alle unsere Tage dahin durch deinen Zorn; wir

bringen unsere Jahre zu wie ein Geschwätz. Unser Leben wäh-
ret 70 Jahre, und wenn's hochkommt, so sind's 80 Jahre, und
wenn's köstlich gewesen ist, so ist es Mühe und Arbeit gewesen;
denn es fähret schnell dahin, als flögen wir davon. Wer glaubt
aber, dass du so sehr zürnest, und wer fürchtet sich vor solchem
deinem Grimm? Lehre uns bedenken, dass wir sterben müssen,
auf dass wir klug werden. Herr, kehre dich doch wieder zu uns
und sei deinen Knechten gnädig! Fülle uns frühe mit deiner
Gnade, so wollen wir rühmen und fröhlich sein unser Leben
lang. Erfreue uns nun wieder, nachdem wir so lange Unglück
leiden. Zeige deinen Knechten deine Werke und deine Ehre ihren Kindern. Und der Herr, unser Gott, sei uns freundlich und
fördere das Werk unserer Hände bei uns; ja, das Werk unserer
Hände wolle er fördern.«

Ich blättere mich aus den Psalmen – zum Verzicht entschlossen, entmutigt vom Rudimentären – zu den Propheten: Ent-
scheidungsnot auch hier. Ich löse ein wichtiges Stück aus dem
Ganzen und zitiere Jesaja, Vers 43,1: »Fürchte dich nicht, denn
ich habe dich erlöset; ich habe dich bei deinem Namen gerufen:
du bist mein.« Für mich, die der leichten Unerlaubtheit solcher
Zusammenhangs-Zersplitterung eingedenk ist – ich weiß, dass
die Erlösung, von der Jesaja spricht, etwas mit Lösegeld zu tun
hat, und ich fühle mich doch zum übertragenen Sinn zugelas-
sen –, für mich bleibt der Satz ein gebetartiges Zuspruchsignal,
das äußerste freundliche Hilfsangebot. Er ist, autobiografisch
gesehen, für mich auch zugleich Trauspruch (mein eigener,
ausgesucht von meinem Vater) und Grabinschrift (meines Vaters; wir, seine übrig gebliebene Familie, wir waren ohne viel
Wortwechsel dafür, wie für die erste und einfachste Lösung,
und trafen diese Wahl sofort), und ich grüble bei dieser Kombination keiner Symbolik hinterher. Lebend, sterbend, jederzeit
und für jeden: Die Einladung des Jesaja ist von höchstem Nutzwert. Aussagen wie diese, die hat man ganz von selbst gern, mit
oder ohne Verstand. Sie finden die Seele auf direktem Weg, äh-
neln einem Wundermittel und sind ebenso schwer wie diese zu

analysieren. Heute mehr, morgen weniger wirken sie aufs Gemüt, übermorgen spielt die Vernunft mit, gestern hat einfach die Sprache selber genügt: So ungefähr geht es damit zu. Ja, viel Wirkstoffanteil, glaube ich, geht auf die Sprache zurück. Sie ist in sich beweiskräftig. Mir ist klar, immer weiter ist mir klar, dass die menschenfreundliche, dem Himmel zugewandte Aufforderung dem Zusammenhang immanent ist, aus dem ich sie trenne – aus einer ganz konkreten Verfolgungsgeschichte bei Jesaja; natürlich hantiere ich mit diesem Text unwissenschaftlich, und doch bin ich wie freigesprochen, wenn ich ihn für die erlösungssüchtige Seele, aus meiner historischen Ferne, verwende. Eigentlich frage ich mich nicht, ob ich so mit den biblischen Geschichten umgehen darf. Ich fühle vielmehr in den religiösen Bedingungen eine große, Freiheit ermöglichende Erlaubnis. Der liebe Gott, den ich als Kind kennenlernte, war von Anfang an wahrhaftig ein *lieber* Gott, und wieder ist mein Vater im Spiel: Und dieser Gott ist *lieb* geblieben, auch wenn ich ihn heutzutage in den Anrufungen des David als einen Gott des Grimms und des Zorns genießen kann. Es ist so, als entscheide am allermeisten, dass ich überhaupt Anziehungskraft und Sehnsucht an mich heranlasse. Ist man gläubig, wenn man unbedingt nicht ungläubig sein will? Wenn man es nicht erträgt, nicht zu glauben? »Fürchte dich nicht …« Mir genügt die ruhige, sanftmütige, Zuversicht machende Beeinflussung, der ausgezeichnete Vorschlag. Ich ziehe einen Gewinn aus einem festen Versprechen. Ich bin gemeint. Beim Namen gerufen. Ich darf, wenn ich nur kann – und das heißt, wenn ich glauben kann, weil ich ja nicht leben kann und nicht glauben zugleich –, das gutgelernte Fürchten verlernen. Das Zutrauen üben, dazu lädt Jesaja mich ein, und verlassen bin ich nicht, darauf ist Verlass. *Sein* bin ich. Genau kann ich nicht wissen, woher die hohe Glaub-Würdigkeit dieser Sätze stammt.

Die Grundkondition meines tagtäglichen Fortkommens in der Welt, dieses winzigen Augenblicks *Jetzt* vor der Unendlichkeit, wird so bestimmt. Und auch und ebenso an viel mehr biblischen Orten, als ich aufzählen könnte. »Denn wir haben hier keine bleibende Stadt, sondern die zukünftige, die suchen wir.« Dieser Satz in Kapitel 13, Vers 14 des Hebräerbriefs – Neues Testament, Apostel Johannes – drückt mein prinzipielles Lebensgefühl aus. Auf dieser Basis, und wahrhaftig nur auf dieser, kann ich im Zustand meines Existierens die Öffnung in eine Zukunft erblicken. Ich erkenne eine Richtung. Sie wird durch das Suchen aber erst geschaffen. Das Suchen ist ein Hoffen. So nur, spüre ich, kann gelebt werden, in der Umzingelung von Widersprüchen, die uns leer und ratlos machen. Ohne Hoffen, auf den erklärenden, todüberwindenen Bewusstseinsmoment, kann ich nicht aufwachen und nicht einschlafen. Kann ich mir die »zukünftige Stadt« vorstellen? Das kann ich nicht, und doch stimulieren mich Bilder aus Luthers Wortschatz: die »lieblichen Wohnungen«. »Meine Seele verlangt und sehnt sich nach den Vorhöfen des Herrn.« Die Getriebenheit des Menschen, Gott zu finden, also das Hoffen, Glauben, Lieben, also die Suche nach den Vorhöfen und der zukünftigen Stadt und der leichte Abschied von jeder bleibenden Stadt, diese gottesbedürftige Obsession erklärt den »Heiligen Geist«. Was aber stört mich, schon wenn ich vom Erklären auch nur spreche? Alles Hinzugefügte, alles Zugänglichgemachte und alles Bequemere, was von Martin Luthers Nachfolgern, eigentlich Einebnern, angestrebt wird und auf mehr Laufkundschaft abzielt, das kommt mir grundsätzlich überflüssig vor. Der Eindruck des Unebenbürtigen irritiert. Die Bibel, in Luthers Übersetzung, ist ernst und streng und widerspenstig, und ich meine, sie sollte so bleiben. Ich erfreue mich an den oftmals fast kalten, rechnerischen Ausdrucksweisen. Ich liebe Luthers *Denn*-Sätze, die Reihungen und Abfolgen in einer nicht auf glättende Annehmlichkeit abzielenden Grammatik. »Denn wir haben hier keine bleibende Stadt, sondern die zukünftige, die suchen wir.« Das klingt wie eine Verordnung, tilgt alles Feilschen um *Wenn* und *Aber*, gleicht einem Bescheid, höchst amtlich. Präziser und einsilbiger geht es nicht. Mit dieser unabweisbaren Verfügung finde ich aus der üblichen Ungeduld, der geistlosen Missgestimmtheit, die oft der erste schlechte Einfall und die Rettung aus der gewöhnlichen Gewissensverzweiflung ist. Ein stricktes *Denn* (Denn so ist es) löscht die pure bewusstlose Diesseitigkeit aus. Schluss mit den Unordnungen und Unzufriedenheiten. Es gilt, um mit Luther zu sprechen, »den alten Menschen auszuziehen«, »dem vorgesteckten Ziel nachzujagen«. Die zweite Satzhälfte verordnet ja geradezu die Hoffnung: »Sondern die zukünftige suchen wir.«

Bei jeder Stichprobe in der Bibel treffe ich auf diese Schlüsselsätze. Meine Art und Gewohnheit, in der Bibel zu lesen, führt immer aus Trübseligkeiten heraus, gerade dann auch, wenn ich auf die Beschwörungen der irdischen Trübseligkeiten stoße. Wenn ich unter unserer Vergänglichkeit, einem Unvollständigkeitsgefühl und Glaubensmangel, Vertrauensdefizit leide, nützen mir die Zurechtweisungen. Und besonders an Tagen der Unaufgerafftheit und der Schwäche im Gemüt profitiere ich von Mahn- und Schmähreden, zum Beispiel gegen Zank und Streit und Eitelkeiten, Gier, Eigensucht. Und weil ich mich jetzt schnell entscheiden muss, blättere ich diesmal nicht lang, und wieder wird es eine Lieblingsstelle, die ich jetzt vorlese: Es ist, im zweiten Kapitel aus dem Römerbrief des Paulus, die Epistel zum Bußtag:

»Darum, o Mensch, kannst du dich nicht entschuldigen, wer du auch bist, der da richtet. Denn worin du einen andern richtest, verdammst du dich selbst; sintemal du ebendasselbe tust, was du richtest. Denn wir wissen, dass Gottes Urteil ist recht über die, so solches tun. Denkst du aber, o Mensch, der du richtest die, so solches tun, und tust auch dasselbe, dass du dem Urteil Gottes entrinnen werdest? Oder verachtest du den Reichtum seiner Güte, Geduld und Langmütigkeit? Weißt du nicht, dass dich Gottes Güte zur Buße leitet? Du aber nach deinem verstockten und unbußfertigen Herzen häufest dir selbst den Zorn auf den Tag des Zorns und der Offenbarung des gerechten Gerichtes Gottes, welcher gegeben wird einem jeglichen nach seinen Werken. Preis und Ehre und unvergängliches Wesen denen, die mit Geduld in guten Werken trachten nach dem ewigen Leben; aber denen, die da zänkisch sind und der Wahrheit nicht gehorchen, gehorchen aber der Ungerechtigkeit, Ungnade und Zorn; Trübsal und Angst über alle Seelen der Menschen, die da Böses tun ...«

Und im fünften Kapitel, Vers 4, bin ich bei einer Art Lehrsatz: »... sondern wir rühmen uns auch der Trübsale. Dieweil wir wissen, dass Trübsal Geduld bringt; Geduld aber bringt Erfahrung; Erfahrung aber bringt Hoffnung; Hoffnung aber lässt nicht zu Schanden werden. Denn die Liebe Gottes ist ausgegossen in unser Herz durch den heiligen Geist, welcher uns gegeben ist. Denn auch Christus, da wir noch schwach waren nach der Zeit, ist für uns Gottlose gestorben. Nun stirbt kaum jemand um eines Gerechten willen, um des Guten willen dürfte vielleicht jemand sterben.«

»Fleischlich gesinnt sein ist der Tod«, memoriere ich, und lese in der manchmal rabulistischen Beweisführung des Paulus weiter, im neunten Kapitel: »Welchem ich gnädig bin, dem bin ich gnädig; und welches ich mich erbarme, des erbarme ich mich.« Hier hat Paulus Gott, der zu Moses sprach, zitiert, und er folgert daraus: »So erbarmt er sich nun, welches er will, und verstockt, welchen er will. So sagst du zu mir: Was beschuldigt er denn uns? Wer kann seinem Willen widerstehen? Ja, lieber Mensch, wer bist du denn, dass du mit Gott rechten willst? Spricht auch ein Werk zu seinem Meister: Warum machst du mich also?«

Und warum ist mir die Bibel an ihren zurechtrüttelnden Stellen am liebsten? »Denn das Reich Gottes ist nicht Essen und Trinken, sondern ...« Ja, sondern Gerechtigkeit, um die es immer wieder geht, wie um die anzustrebenden, einfach ja nur scheinenden Tugenden der Freundlichkeit, der Güte, Nachsicht, der Geduld. Alle einzusammeln unter den Oberbegriff der Liebe. »... nicht Essen und Trinken und Deckchensticken ...« – die Syntax hat mich eben an die Mao-Bibel erinnert, und beim Oberbegriff »Liebe« musste ich an einen gescheiten, international renommierten alten Wissenschaftler denken, der neulich in einem Interview seinen maximehaften Schiedsspruch sagte: »Was der Liebe nicht standhält, ist falsch.«

Weil aber allzu oft die übliche Menschenschwäche uns darin behindert, mit dieser Art der Liebe, Nächstenliebe, völlig Ernst zu machen, und weil wir uns nur dumpf schuldbewusst dann quälen, gilt, für solche Seelennotzeiten, das Flehen des Paulus: »O Herr, erlöse mich von dem Leibe dieses Todes.« Oder so: Ich willige in die Paradoxien der unbescheidensten Bescheidenheit ein und lese im Philipperbrief: »Unser Wandel aber ist im Himmel, von dannen wir auch warten des Heilands Jesu Christi, des Herrn, welcher unsern nichtigen Leib verklären wird, dass er ähnlich werde seinem verklärten Leibe nach der Wirkung, mit der er kann auch alle Dinge sich untertänig machen.« Vielleicht ist es gut, dass ich nicht Theologie studiert habe und, wie mein Vater es tat, predige. Gut für die Gemeinde, denn ich hätte mich nicht, ihn nachahmend, für die sanfteren Zusicherungen von der Kanzel aus entschieden. Er aber verkündete die väterliche Freundlichkeit Gottes und war mit dieser Entscheidung freundlich zu Leuten, die selten einen wirklich freundlichen Gedanken an Gott verschwenden. Ich höre meinen Vater jetzt sprechen, weil ich jetzt im vierten Kapitel des Philipperbriefs, Vers 4, lese:

»Freuet euch in dem Herrn allewege! Und abermals sage ich: Freuet euch! Eure Lindigkeit lasset kund sein allen Menschen! Der Herr ist nahe! Sorget nichts! Sondern in allen Dingen lasset eure Bitten im Gebet und Flehen mit Danksagung vor Gott kund werden. Und der Friede Gottes, welcher höher ist denn alle Vernunft, bewahre eure Herzen und Sinne in Christo Jesu!«

Dass mir mein Vater, der beide Arme beim Beginn des Schlusssatzes hob, mein Vater im schwarzen Talar und meine Zuschauerstimmung so gegenwärtig werden, das, denke ich in diesem Augenblick zum ersten Mal, und dass also schon Verklärung, Auferstehung, Erlösung vom Leibe des Todes bewiesen sind, das muss mit seinem Beruf zu tun haben, und es fällt mir plötzlich leicht, die Ermahnung an die Kolosser anzunehmen und nicht nach dem zu trachten, was auf Erden ist.

Die Selbstverständlichkeit des Unzeitgemäßen

Eine Vorbemerkung: Wenn von »der« Kirche die Rede ist, vermisse ich die Differenzierung. »Das Verachtete hat Gott erwählet« – ich spreche von meiner, der evangelischen Kirche, die Kierkegaard, indem er sich auf Luther berief, so nannte: »Die wahre Kirche ist eine verachtete kleine Schar – der Papst und all das ist nicht die wahre Kirche.«

Aber das Thema will auf Allgemeines hinaus, und die ihm einwohnende Frage interessiert sich für meinen »Traum« von Kirche, für meine Novellierungsideen in Sachen Christentum und ist damit schon zu schwärmerisch erstens für Detailgenauigkeiten und zweitens für meinen Geschmack. Mein Einwand ist grundsätzlich: Träumen, bloß träumen, von Kirche und Christentum, bleibt vergeblich. Für den Christen begänne hier schon sein Fehlermachen, er würde sich vor jedem Fleiß drücken, erläge der nach Tschechow gemeinsten Faulheit, derjenigen im Denken, und er selber wäre nur einer, der von sich als einem Christen wiederum träumte.

Von Kirche und Christentum aber lediglich vor sich hinzuträumen entfernt weit von der Lehre, die ja fixiert und erlernbar und kein Traummaterial ist. Luther sagt: »Christ ist man, indem man immer danach verlangt, einer zu werden.« In solchem Verlangen, das einem Prozess und Werdegang gleichkommt, lebenslänglich, bewegen sich mehr Vitalität und Anstrengung als im Träumen.

Auch Pascals und Kierkegaards schöne, einander ähnliche Behauptungen schließen Dringlichkeit ein, und Aktivität ist ihnen immanent, sie laufen auf folgendes existenzielles Programm hinaus: Gottes zu bedürfen macht des Menschen Vollkommenheit aus. Und Karl Barth lässt den Menschen erst dadurch menschlich werden, dass er sich nach der Heiligen

Schrift sehnt. Wenn sich aus dem Träumen nicht ein Aufraffen entwickelt, wird es folgenlos bleiben.

Zu solchem Aufraffen, denn das ist ihr Auftrag, zu solchem Schwung über die Träumerei hinaus soll die Kirche dem Menschen verhelfen. Konkret ist ihr Verkündigungsauftrag. Erneuert werden muss er nicht. Konkret und ebenfalls kein verschwommen-abstraktes Phantasiegebilde ist das Christentum, wenngleich die Lektüre vom Alten und Neuen Testament der Phantasie die besten, die über unseren angstbesetzten, konfliktbeladenen, schuldverstrickten und unverständlichen Erdenalltag hinausweisenden, alle Kläglichkeit tilgenden Einladungen zusichert.

Gott, dessen »Frohe Botschaft« die Bibel an uns weitergibt, ist zwar der Gott des Verborgenen und dennoch nie und nimmer der Gott gemächlicher Verträumtheiten, zurechtgemacht vom menschlichen Belieben. Gott spricht zu uns durch die Heilige Schrift, und die Kirche ist der Vermittlungsort. Für wen? Für diejenigen, die nach Luther ständig Christ werden wollen. Ergeben Christen dieser immer strebenden Bemühung dann nicht Christenheit, Christentum? Wieso sollten wir eine neue Version brauchen?

Ich kann mir keine vorstellen. In endloser Geduldsarbeit und kompromisslos müsste das ganze Kirchenjahr hindurch Gottes Wort gepredigt und gehört werden. Kierkegaard hält nichts davon, die Lehre objektiv zu machen, »so objektiv, dass sie keinen einzigen Menschen wirklich angeht« – die Folge sei »leeres Geschwätz«.

Predigen ist »… das Dasein des Predigers; was mein Dasein ausdrückt, ist meine Predigt. Aber mein Dasein ist mein Subjektives.« Ich muss an die Predigten meines Vaters denken: Sie haben sein empfindsames, gütiges, gewiss nicht unkritisches, unzweiflerisches Wesen ausgedrückt, waren jedoch völlig frei von den gegenwärtig üblich gewordenen Abschweifungen der Pfarrer in eine törichte modernistische Metaphernsprache, die sich beliebt machen will, indem sie sich vor der Ernsthaftigkeit und dem Geist der Bibel geniert. Stichwort: Verkündigung. Eine größere, wichtigere Liebestat als Gottes Zusage an den Menschen fällt mir wahrhaftig nicht ein. Und allein die Kirche kann von der verheißenen Erlösung sprechen – sie mag sich zwar auch um Tagespolitik kümmern, um Schulen, Kindergärten, Altersheime, Krankenhäuser und andere menschliche Einrichtungen da und dort, das aber kann, mehr oder weniger gut, der Staat auch. Für die Begriffe Erlösung, Ewigkeit, Unsterblichkeit der Seele – was so viel heißt wie: Gott gibt es – sollte die Kirche sich nicht entschuldigen, so als wäre ihr das einzig ihr vorbehaltene Tätigkeitsfeld und sogar schon das Vokabular ein wenig peinlich, als komme sie dem Atomzeitaltermenschen damit etwas antiquiert, lächerlich vor – lächerlich macht sie sich mit solcherart Verlegenheiten. Gott kann nicht unzeitgemäß werden. Gott hat es nicht nötig, renoviert, modernisiert, den Menschen anbiedernd angepasst zu werden. Zugegeben sei die Selbstverständlichkeit des Unzeitgemäßen in Erzählweise, Machart, Inhalt von Texten, Texten der Bibel. Mich allerdings erfüllt gerade diese Verborgenheit der Rede von dem Gott des Verborgenen, dessen Existenz und Einwirken im philosophischen Verständnis nicht verstanden werden kann, mit dem Trostgefühl gemäß Hebräer 11,1: »Es ist aber der Glaube eine gewisse Zuversicht des, das man hofft, und ein Nichtzweifeln an dem, das man nicht sieht.« Die Angst, verloren zu sein, muss sich mit der Leidenschaft des Glaubens treffen: Dann fragt sich nämlich, was in den Geschichten, Briefen, Psalmen der Evangelisten, Apostel und Propheten nicht zu verstehen ist. Was ist unverständlich an Christi Lehre? An Gottes Geboten?

Das Zitieren meiner Lieblingsstellen in der Bibel würde ins Uferlose führen. Vorausgesetzt den Glauben, auch die leidenschaftliche Glaubensabsicht, Luthers tägliches Verlangen, Pascals und Kierkegaards Gottesbedürfnis, ist jede Zeile nur zu gut zu verstehen. Christentum, das ist die auf Jesus Christus, sein Leben und seine Lehre gegründete Weltreligion. Danach zu fragen, ob wir eine neue Lehre brauchten und was wir dann brauchten, wäre nicht länger »Christentum«.

Nicht in jedem Augenblick meines Erdenalltags allerdings kann ich das vorhin erklärte Verstehen kombinieren mit der Zuversicht, die es verströmen müsste zu meiner eigenen Rettung aus diffus-gestörten Gemütslagen. Was hilft denn aber dann, außer: wiederum meine Bemühung. Wer unterstützt bei dieser Bemühung den, der sich nicht aus eigener Kraft in die Lektüre der Werke bedeutender Theologen vertiefen kann, den, der es nicht gewöhnt ist, in der Bibel zu lesen, den, der sich allein damit nicht auskennt? Den unterstützt die Kirche. Die Predigt dort.

Die Kirche, diesmal als Gebäude, von Menschen errichtet, oft hilft sie schon von außen. Erst recht im Innern. Selbst wenn sie mich einfach stumm umgibt. Ich bin unterwegs, ich gehe durch eine fremde Stadt, hastig, nervös, unbehaglich, ziellos. Was am besten für mich ist, das weiß ich. Jetzt nützt es mir nur noch, mir die extremste Empfindungsmöglichkeit zu vergegenwärtigen, mich an das äußerste Phantasiegeschenk zu halten, Gottes gutes Zureden zu memorieren: »Fürchte dich nicht, denn ich habe dich erlöset; ich habe dich bei deinem Namen gerufen: du bist mein.« Jesu Zusicherung: »In der Welt habt ihr Angst…« Oh ja, denke ich, aber ich zwinge mich zum entscheidenden *aber* des Jesus von Nazareth: »… aber seid getrost, ich habe die Welt überwunden.«

Wenn ich Glück habe, finde ich eine unverschlossene Kirche. Dank gebührt den immer offenen katholischen Kirchen. Dort spüre ich, was ich nicht wirklich wissen kann, ich empfinde die Wahrhaftigkeit dessen, wovor der armselige Verstand haltmacht: »Denn wir haben hier keine bleibende Stadt, sondern die zukünftige, die suchen wir.« Und schon geht es mir besser, dort in der Kirche, der schönen Behelfsstadt, im Vorgeschmacksort der »göttlichen Behausungen«, der »lieblichen Wohnungen«, jenen Seelenplätzen, die uns die Bibel so liebevoll gleichnishaft in Szenerien verwandelt. Das Herauspicken begünstigender Zitate genügt aber nicht. An den Ermahnungs-appellen und den Aufforderungen der christlichen Lehre darf ich mich nicht vorbeimogeln. Dennoch, weil Trost unter Menschen stets nur von vorübergehender Art ist, zieht es mich in die Richtung Dauer, Verlässlichkeit, Ewigkeitsverhältnis des Vertrauens. Nochmals: eine Durchreise, und keine Kirche ist offen. Der Ersatz wird gefunden: ein Friedhof, wo ich zwischen Grabsteinen, im Schutz von Gebüsch, Statuen, Bäumen, beredter Stille plötzlich weiß, dass ich eine Zwischenwelt betreten habe. Vor-Erlösung, eine Stufe bin ich höher auf der Treppe, die ich immer gehen will. Und den Grabinschriften glaube ich Wort für Wort. Glaube, Hoffnung, Liebe, diese drei aus Paulus' Korintherbriefen, von denen der schweigsam auf die notwendigste Sprache verweisende Friedhof zeugt, sie lassen mich Vorsätze fassen.

Und so hätte ich gern Kirche, Christentum: so nah und so unverkrampft wie möglich bei der Lehre. So unmodisch unabgeändert, ohne Kniefall vor dem Unterhaltungsbedürfnis der Zeitgenossen. Abstinent gegenüber dem Trend zum Synkretismus, dieser Mixtur aus Fernost und sonstwoher adaptierten Mystizismen abhold.

Dem Christentum muss Gottes Zusage überwältigend genug sein. Nicht einmal neuer Gleichnisse bedarf ich, denn die besten stehen im Evangelium; mir ist es selbstverständlich recht, wenn die Predigt sie erklärt. Was ich aber nicht ausstehen kann, das ist ein Gott als Sportschiedsrichter, Jesus als Torwart und so weiter. Ebenso widerstrebt mir die allzu eilfertig erbötige tagespolitische Einmischung: Wenn ein Bischof empfiehlt, die Bevölkerung solle schleunigst wieder Fisch essen, Fisch sei gesund, dann denkt er dabei an die Fischwirtschaft und nicht an Gott, nicht einmal an die alles umfassende Nächstenliebe.

Diese Aufgaben der Nächstenliebe stellen sich dem Christen jedoch auch, und ich wäre eine untreue Tochter meines Vaters, der als Theologe einen christlichen Schwesternverband leitete, wenn mir die Arbeit der Diakonie schon als zu weitgehende Säkularisierung gälte. Schwacher, Kranker, Debiler, der Minorität der Scheiternden sich anzunehmen, das ist Christentum als Nutzanwendung. Aber wenn die Kirche dem jeweiligen Zeitgeist hinterherkeucht, sich erniedrigt zu einem Angebotsmischmasch – ungern hatte ich den Begriff »Markt der Möglichkeiten«, Kirchentagstummelplatz –, dann drückt sie darin nur Bangigkeit aus. Folgender Irrtum entsteht so: Gott bewirbt sich um den Menschen. Im Gegenteil! Es ist nicht Gott, der sich um den Menschen bewirbt, nicht Gott, der des Menschen bedarf, es verhält sich genau umgekehrt.

Karl Barth sagt: »In der Kirche weiß man, dass nichts verdient ist, dass Gott uns nichts schuldet, nicht einmal, dass er uns ansieht. Natürlicherweise müsste es so zugehen, dass Gott überhaupt nichts mehr von uns wissen wollte.«

Ich ertappe mich inmitten einer Verstörung und in Sorgen, das ist bei Kierkegaard das Wegekreuz der Angst, und nur auf die geistige Straße, die wegführt von der zum pur naturgebundenen Dasein, kann meine Wahl fallen. Innerlich als Begleittext sage ich auf: Mein Leben muss enden. Paulus sagt: »Christus ist mein Leben, und Sterben mein Gewinn.« Von der Kirche will ich wissen, warum ich da bin und warum ich weg soll, »dass es ein Ende mit mir haben muss«, woher, wohin? Das Sollen muss wie bei Paulus ein Dürfen werden. In der Kirche will ich die Erfahrung des Paulus machen, ich will Kierkegaards Freiheit erlernen, ich will von der Ewigkeit hören, von Erlösung. Und ich wiederhole mich mit dem Satz über die schönste und singuläre, nur ihr eigene Vollmacht der Kirche: Sie allein darf von der Erlösung sprechen, sie muss es tun. Paulus überlegt: »Ich möchte abscheiden, was auch das Beste wäre …« Kein Selbstmord des Paulus kündigt sich hierin an, sondern Verzicht auf seine Sehnsucht nach Gott, und zwar um des Auftrags willen, den er von Gott hat.

Warum bin ich unruhig? »Was betrübst du dich, meine Seele, und bist so unruhig in mir? Harre auf Gott …« Wieder nur die Kirche mit ihren Mittelsleuten zwischen hier und dort, wieder nur sie kann antworten. Angesichts unserer elementarsten Existenzfragen wünsche ich mir nicht die popularitätseifrigen Halb- oder Drittelpfarrer, die sich bemühen, gleichzeitig Psychologen, Sozialtherapeuten und Politiker zu sein. Und denen die Sache Gottes selbst nicht ganz geheuer ist, sodass sie sich über eine Christenheit freuen müssen, die sich Gesinnungshalstücher umgeschlungen hat. »Herr, lehre mich bedenken, dass ich sterben muss …«: Lieber Prediger, sprich, wie Kierkegaard es forderte, mit deinem Dasein darüber, erkläre sie mir, Gottes überhaupt durch nichts von uns Menschen ins Recht gesetzte Liebe. »Kommt wieder, Menschenkinder.« »So wie sich ein Vater erbarmt über seine Kinder …« In solcher Nähe zum Text soll die Kirche die Alten und die Trostbedürftigen ernst nehmen und deren Anhänglichkeit nicht seufzend und mit sehnsüchtigem Blick auf die Jungen übergehen; diese Alten, die an Gottesdiensten noch teilnehmen, schwerhörig oft nicht die Predigt verstehen, das Wort Gottes aber doch vielleicht vernehmen, die dürften nicht innerhalb der Gemeinde verlassen sein; hier finde ich die Auslegung der Bibel ebenso wichtig wie die kirchlich-soziale Aufgabe.

Wieder denke ich an die Berufszeit meines Vaters: Gemeindeschwestern schauten nach den Kranken und den Alten. In unserer Gegenwart muss man dauernd darüber erschrecken, wie oft es vorkommt, dass das Sterben einsam in unbesuchten Wohnungen tagelang unentdeckt bleibt, und die Angsteinsamkeit, die solchen Todesfällen vorausging, macht dem, der nach Luther täglich ein Christ werden will und nur so ein Christ ist, ein schlechtes Gewissen. »Kommt wieder, Menschenkinder.« In Gottes Zusage wohnt die unverdiente Liebe. Eine Liebe solcher Art ereignet sich unter uns Menschen nur da, in seltenen Glücksfällen, wenn zuvor Gottes Liebe sie geweckt hat aus dem Schlaf der Verstocktheit, der Selbstgerechtigkeit, des Übelnehmens, des Unbarmherzigen – der Menschenschwäche nun eben.

Mein Traum von Kirche? Mitleidig und auch mahnend soll sie den Menschen darin unterstützen, Gottes zu bedürfen.

Brauchen wir ein neues Christentum? Nein. Wir brauchten wahrscheinlich einen neuen Elan, uns des alten und einmaligen Christentums absolut in Theorie und Praxis zu erinnern. Die Hauptarbeit ist Verkündigung, ist die bergführerartige Arbeit, den Menschen auf dem Weg zum Glauben zu leiten. Noch etwas, das ich erwarte und das der Prediger wiederholen sollte, so oft er nur kann; zuvor hat Kierkegaard es behauptet, und es ist schön, lebenswichtig, hilfreich, schwer verständlich und leicht verständlich zugleich, es ist ganz und gar nicht zwecksüchtig und nicht pragmatisch und lautet: »Der Gegensatz zur Sünde ist nicht die Tugend, sondern der Glaube.«

Über das Schreiben, das Scheitern und die Sehnsucht nach Gott

Im Interview mit Karl-Josef Kuschel

Kuschel: Frau Wohmann, in der Regel erlebe ich Schriftsteller, die in Sachen Christentum und Religion äußerst zurückhaltend sind und der Kirche kritisch oder ablehnend gegenüberstehen. In dem Essay »Die Selbstverständlichkeit des Unzeitgemäßen« haben Sie ausdrücklich den Verkündigungsauftrag der Kirche unterstrichen. Es hat den Anschein, als verspürten Sie weniger Hemmungen als andere, direkt von Ihrem Christsein zu sprechen. Trifft dieser Eindruck zu?

Wohmann: Ich kann nicht sicher sagen, ob ich vor zehn Jahren anders über die Kirche oder über meine Beziehung zur Religion gesprochen hätte. Eine Art Treuebindung ist allerdings immer dagewesen. Dabei spielt es sicher eine Rolle, dass ich Pfarrerstochter bin. Es gibt natürlich auch Kinder von Pfarrern, die sich erst recht ablösen. Mein Vater war als Vater und als Pfarrer ein sehr toleranter Mensch. Ich habe nie das Verlangen gespürt, gegen ihn rebellieren zu müssen. Ich möchte hier einmal zurückfragen: Wieso bringt Sie das als Theologe in Verlegenheit, wenn ich mich christlich äußere? Da müssten Sie doch sagen, dass Sie das freut …

Kuschel: Ich habe die Frage deshalb gestellt, weil Sie einige Sätze sehr ausschließlich formuliert haben, etwa den, dass nur die Kirche allein die Vollmacht habe, von Erlösung zu reden. Mich wundert es, so etwas direkt aus dem Munde einer Schriftstellerin zu hören.

Wohmann: Schriftstellerei und Literatur können keine Erlösung bieten, sie bieten alles mögliche andere: Interessantheit, Unterhaltung, Menschenkenntnis, sie vermitteln Genuss, Freude, Bestätigung, Identifikation – aber nichts wirklich Erlösendes, Transzendentes. Dazu ist nur die Kirche in der Lage. Mich stören auch all diese anderen Erlösungsangebote, die heute an die Menschen herangetragen werden, etwa in der Esoterik mit diesem großen Mischmasch: Geht da hin, geht dort hin, hier findet ihr etwas Erlösendes, dort findet ihr etwas Erlösendes, fahrt nach Fernost, macht Yoga-Übungen oder Psychoanalyse. Das sind sicher alles wichtige Dinge, aber sie vermögen nicht das, was Kirche, was Religion, was Gott vermag.

Kuschel: Können Sie Leute verstehen, die nun umgekehrt Schwierigkeit haben, das im Raum der Kirche zu finden, was Sie Erlösung nennen, weil sie es dort nicht erleben?

Wohmann: Es kommt darauf an, ob die Leute sich selbst mit der Religion beschäftigen, ob sie beispielsweise zu Hause einmal die Bibel aufschlagen oder ob sie Texte etwa von Kierkegaard oder Karl Barth lesen – ich nenne jetzt meine eigenen beiden Kronzeugen. Passivität führt im Glauben nicht weiter, man kann nicht einfach dasitzen und erwarten, dass alles vom Pfarrer kommt, ohne dass man selbst etwas dazu tut. Man muss es selbst wollen, ein drängendes Bedürfnis verspüren nach etwas mehr, als dieses eigentlich ja erbärmliche Diesseits bietet. Ohne dieses Bedürfnis erlischt die Aktivität, ist kein Mut da, nach Glauben, nach Hoffnung, nach Gott zu suchen.

Kuschel: Das hört sich an, als hätten Sie eine sehr starke persönliche Bindung an die Kirche. Sind Sie das, was man »praktizierende Kirchgängerin« nennt?

Wohmann: Zu meiner Beschämung muss ich sagen: Nein, das bin ich nicht. Ich bin in der Gemeinde nie sesshaft geworden.

Leider. Ich möchte mich vielleicht auch nicht enttäuschen lassen. Aber man müsste auch die mögliche Enttäuschung beispielsweise durch eine Predigt riskieren.

Kuschel: Sie schreiben in dem genannten Essay: Hauptaufgabe der Kirche sei Verkündigung und die »bergführerartige Arbeit«, die Menschen auf den Weg zum Glauben zu leiten. Was mich an diesem Satz befremdet, ist, dass Kirche hier eine Art Führerschaft zugeschrieben wird, als sei sie sich ihrer selbst so sicher. Ich bin mir eben auch als Theologe meines Glaubens nicht so sicher. Ich meine damit die im Glauben erfahrene Unsicherheit vor Gott selbst. Kann die Kirche als eine Gemeinschaft von Menschen das, was Sie von ihr verlangen, überhaupt leisten?

Wohmann: Eine Predigt kann durchaus subjektiv sein, der Pfarrer kann sich selbst einbringen. Aber er sollte sich an die Heilsbotschaft halten. Das heißt nicht, dass er ohne Zweifel sein muss. Sicher gibt es auch – beneidenswerte! – Menschen, die nie gezweifelt haben, die in einem festen Urvertrauen aufgewachsen sind. Aber selbst Martin Luther sagt, dass das einzige Gebet, das wirklich gehört wird, das Gebet um stärkeren Glauben ist. Ich vermute, dass auch Luther Momente des Zweifels hatte.

Was ich kritisiere, sind zaudernde Pfarrer, die eigentlich doch lieber über etwas Soziologisches sprechen. Das gilt oft auch für das Wort zum Sonntag im Fernsehen. Ich habe den Eindruck, dass man sich da in modischen Vergleichen um das Wesentliche und um das Wort Gott herumdrückt. Wer sagt denn schon noch Gott?

Kuschel: Sie haben einmal über einen Besuch von Ihnen in einer Kirche geschrieben. Sie nehmen dabei ein Bibelzitat auf: »›Wir haben hier keine bleibende Stadt, sondern die zukünftige, die suchen wir.‹ Und schon geht es mir besser, dort in der Kirche, der schönen Behelfsstadt, im Vorgeschmacksort der ›göttlichen Behausungen‹, der ›lieblichen Wohnungen‹, jenen Seelenplätzen, die uns die Bibel so liebevoll gleichnishaft in Szenarien verwandelt.« Was für ein schwärmerisches Kirchenbild, wenn man etwa an die Entwicklungen in der katholischen Kirche denkt!

Wohmann: Ich meine damit nicht die Machtstrukturen. Die Kirche wird von Menschen gemacht, und sie macht natürlich viele Fehler. Was ich meine, ist, dass die Kirche zum Glauben hinführen soll.

Kuschel: Wenn ein junger Mensch Sie fragen würde, was ist für Sie Gott, was würden Sie antworten?

Wohmann: Das zu erklären ist sehr schwierig. Wir sollen uns keine Bilder machen und machen sie uns trotzdem. Gott ist verborgen, wie Karl Barth sagt. Wir können ihn nicht kennen, wir können nur auf ihn hoffen. Das ist viel.

Kuschel: Beten Sie?

Wohmann: Ja. Ich kann meinen Tag nicht so gedankenlos wie ein Tier abschließen. Nichts gegen das Tier, aber ich bin Mensch, und ich muss eine Summe bilden, jeden Abend, jede Nacht – vielleicht ist das der Grund meiner Einschlafstörungen. Und dann muss ich beten. Manchmal sage ich mir, eigentlich müsste ich auch morgens beten.

Kuschel: Wenn ich Sie richtig verstanden habe, verlangen Sie von Religion Hoffnung, Zuversicht, Stärkung. Wie kommt es, dass all das in Ihren Werken kaum vorkommt und Sie im Raum der Literatur nur den zweifelnden, den an Lebensekel kranken und oft bis hin zum Selbstmord verzweifelten Menschen beschreiben, der sich in Widersprüche verstrickt hat?

Wohmann: Ich schreibe keine religiöse Literatur, und es beruhigt mich eigentlich, dass der autobiografische religiöse Text, aus dem Sie zitiert haben, nicht dem entspricht, was ich beruflich mache. Denn meistens werde ich darauf festgelegt – wie übrigens alle Frauen, die schreiben: »Das ist alles sowieso nur autobiografisch.« Das ist aber nicht richtig, obwohl solche zweiflerischen, widersprüchlichen, ängstlichen und auch verkorksten Menschen mir sehr nahestehen. Zuversichtliche, hoffnungsfrohe und glaubensstarke Menschen möchte ich möglichst nicht schildern, weil sie literarisch nicht so viel hergeben. In der gesamten Weltliteratur ist es so, dass immer die Scheiternden und Konfliktbeladenen die richtige Dramaturgie liefern: Sie sind, verkürzt gesagt, einfach ergiebiger.

Kuschel: Woran liegt das eigentlich? Warum ist es nicht möglich, ein solches Schema einmal zu durchbrechen: Man beschreibt als Schriftsteller entweder glaubenslose Menschen, die sich in ihre eigenen Lebensprobleme verstricken. Oder man schreibt autobiografische Texte, in denen Sie als glaubende Christin Trost, Hoffnung, Zuversicht, Angstbewältigung suchen. Warum ist es nicht möglich, in Ihren literarischen Texten Menschen zu schildern, die ihre Probleme mit Gott haben?

Wohmann: Solche Menschen schildere ich auch. In meinem Roman »Der Flötenton« kommen sieben Hauptfiguren vor, eine ist ein emeritierter Religionswissenschaftler, der seine Probleme mit Gott hat. Der Gau in Tschernobyl hatte sich ereignet, kurz bevor die erzählte Zeit beginnt. Das stellt sein Gottesbild und sein Lebensverständnis in Frage, obwohl er spürt, dass seine Fragen seiner geistigen Kapazität nicht angemessen sind. Eigentlich ist ihm immer ganz klar, dass Gott damit nichts zu tun hat, was die Menschen mit diesem Globus anrichten. Über die tieferen Glaubenskonflikte schreibe ich allerdings nicht, vielleicht auch aus Respekt vor der theologischen Wissenschaft.

Es reicht dazu nicht, einige Stellen aus der Bibel einfach gern zu haben, wie das bei mir der Fall ist.

Kuschel: Sie sprechen von Zitaten aus der Bibel, die Sie gern haben. Welche sind das?

Wohmann: Ich denke an Worte des Trostes wie: Sorget nichts. Oder: In der Welt habt ihr Angst, aber seid getrost. Oder die Segensformel: Der Herr segne und behüte euch. Oder Hebräer 11,1: Es ist aber der Glaube eine gewisse Zuversicht des, dass man hofft, und ein Nichtzweifeln an dem, was man nicht sieht. Das, finde ich, drückt eigentlich alles aus. Das »Nichtzweifeln an dem, was man nicht sieht« spricht mich sehr stark an.

Kuschel: Stimmt die Beobachtung, dass Sie selber religiöser sind, als Ihre literarischen Figuren sein können? Ist es die Aufgabe der Literatur, unsichere Menschen zu schildern und nicht Menschen mit einem tiefen, gesicherten Gottesglauben?

Wohmann: Ich möchte lieber über »bibbernde Gestalten« schreiben. *Die* Aufgabe der Literatur gibt es wohl gar nicht. Ich glaube, dass Literatur vor allem gut geschrieben sein sollte. Es gibt wohl auch noch Leute, die religiöse Literatur schreiben, Autoren wie etwa Edzard Schaper oder Gertrud Fussenegger. Ich habe sie aber nicht gelesen, denn wenn ich Literatur theologischer Art lese, dann lese ich sie lieber von den Theologen selbst.

Was meine Literatur angeht, so ist mir die Etikettierung, ich sei zuständig für die »kleinen Miseren im Alltag«, eigentlich etwas zu wenig. Die Figuren in meinen Büchern trachten auch nach etwas anderem. Ihre Sehnsucht, ihre Erwartungen, ihre ungewissen Empfindungen auf dieser Erde, all das kommt vor, ich muss es aber aus künstlerischen Gründen nur angedeutet lassen. Wenn man genau hinschaut, dann wird man sehen, dass in vielen Erzählungen Anrufungen vorkommen, »Lieber-Gott«-

Anfänge, Gebete, Gebetsversuche, Menschen, die unbedingt beten wollen, dann aber Konzentrationsschwächen haben und einschlafen und ein schlechtes Gewissen haben. Ich versehe das auch gerne mit ein wenig Komik.

Kuschel: Ich denke dabei an Ihre Erzählung »Habgier« aus dem gleichnamigen Band aus dem Jahre 1973: Eine Konfirmationsfeier wird gestört, weil der Konfirmand seinen Konfirmationsspruch ernst nimmt: »Wer Unrecht hasst samt der Habgier und seine Hände abzieht, dass er nicht Geschenke nehme, der wird in der Höhe wohnen, und Felsen werden seine Feste und sein Schutz sein.«

Wohmann: Das war eine Satire, die ich schon vor längerer Zeit geschrieben habe. In der Satire kommen eher die Ungläubigen vor, diese Habgier-Leute, die die Konfirmation zur Bereicherung ihres Besitzstandes benutzten. Diese einfache Religiosität, die keine ist, ist unter den Protestanten weit verbreitet.

Kuschel: Es gibt eine These über Sie, die versucht, Sie psychoanalytisch zu erklären. Die Tatsache nämlich, dass Sie ständig Katastrophengeschichten über den Alltag schrieben, hinge damit zusammen, dass Ihre Kindheit so behütet gewesen sei und dass das Verdrängte durch Literatur nun kompensiert werden müsse.

Wohmann: Meine Güte! Typisch für die Psychoanalyse …

Kuschel: Ich halte das für Unsinn. Ich habe eine andere These. Stimmt die Überlegung, dass beinahe alle Ihre Figuren unter Rechtfertigungszwängen stehen? Dass Sie selbst vor Gericht sitzen und sich stets vor einer imaginären Instanz glauben verantworten zu müssen? Ich denke an Ihre großen Romane, an »Ernste Absicht« (1970), in dem Sie eine Frau in einem Krankenhaus ihre Situation reflektieren lassen, oder an »Frühherbst in Badenweiler« (1978), wo eine Künstlerin in ein Kurhaus geht und eine *Midlife-Crisis* durchmacht. Meine These ist: Das kommt aus Ihrem protestantischen Erbe. Leben von Menschen ist nicht selbstverständlich, sondern steht unter Rechtfertigungszwang.

Wohmann: Das kann zutreffen, obwohl in meinem Elternhaus ein anderes Klima zu spüren war. Ihre These gefällt mir allerdings besser. Natürlich gab es bestimmte Pfarrhausgebräuche, Tischgebete oder die Andachten meines Vaters, zu denen wir mitgegangen sind. Das sind sicher Beeinflussungen, aber ich habe mich damit nicht sehr beschäftigt. Ich war jung, und da interessiert es einen eigentlich gar nicht, ob es außer der hiesigen Welt noch irgendetwas anderes gibt.

Kuschel: Aber trifft es zu, dass der Impuls da ist, in Ihren großen Romanen eine Figur auftreten zu lassen, die immer von einer Krisenerfahrung herkommt? Ein Leben ist fragwürdig geworden und muss gerechtfertigt werden, über den Sinn muss nachgedacht werden, und man muss sich vor sich selbst verantworten? Dass überhaupt Leben verantwortet werden muss, kann das indirekt religiöse Wurzeln haben?

Wohmann: Ja, da könnte eine Wurzel liegen. So gehe ja ich mit mir selber auch um. Vielleicht hängt auch dieses beharrliche Weiterschreiben mit meiner protestantischen Prägung zusammen, wenn ich denke, du kannst nicht faul und müßiggängerisch dasitzen, du musst mit deinem Pfündlein wuchern, du musst das tun, was du kannst. Es ist eigentlich entsetzlich, dass man sich so einem Leistungszwang unterwirft …

Kuschel: Sie sagen in dem genannten Essay: Dem Zustand der Unerlöstheit steht die Angstbewältigung gegenüber und die Zusage Gottes an den Menschen. Nochmals grundsätzlich gefragt: Welche Funktion hat Religion für Sie?

Wohmann: Eine Funktion ist es, weiterzudenken, wie es in dem Bibelwort ausgedrückt ist: In der Welt habt ihr Angst, aber seid getrost, ich habe die Welt überwunden. Das sind Aussagen, die nur geglaubt werden können, wie ja die ganze Heilsbotschaft nur geglaubt werden kann. Aber in diesem »Nur« liegt eine sehr große geistige Anstrengung. Die Hauptfunktion der Religion ist es, über dieses doch eigentlich ziemlich enttäuschende hiesige Sein hinauszudenken, und zwar nicht nur für mich, sondern auch in Bezug auf andere. Ich selbst werde älter, die Verwandten werden älter, man sieht alles enden, der Globus und die Schöpfung werden immer mehr ramponiert. Jetzt kommen viele sofort mit dem Einwand: Aha, die Religion hat also eine pure Vertröstungsfunktion. Was soll ich sagen? Vertröstung oder, besser gesagt, Trost ist richtig und wichtig für mich. Ich sehe im Trost nichts Abschätziges.

Kuschel: Ich auch nicht, wenn man Trost und Vertröstung zu unterscheiden weiß. Anders herum gefragt: Hat Religion für Sie auch eine kritische, verändernde Bedeutung für das Diesseits, in dem Sinne, dass man die Welt verändern sollte?

Wohmann: Ja, natürlich, es wäre ein Missverständnis, dass alles nur auf die Zukunft im Jenseits ausgerichtet ist. Um noch einmal auf meine Kindheit zurückzukommen: Mein Vater hat Religion praktisch gemacht, er war Leiter des hessischen und rheinisch-westfälischen Diakonievereins. Er hatte mit seiner Theologenausbildung eigentlich etwas anderes vor, aber er hat diese Aufgabe von seinem Vater, der den Verband gegründet hatte, übernommen. Da habe ich viel von der praktischen Nutzanwendung des christlichen Glaubens gelernt. Ich bin sehr froh, dass die Kirche sich um Kranke und Behinderte kümmert. Das können zwar andere Institutionen auch. Die Kirche kann es allerdings in meinen Augen besser. Es ist ein großer Unterschied zwischen den Schwestern meines Vaters, die vom Glauben inspiriert waren, und »Tarifschwestern«. Die christlichen Schwestern

– sie wurden natürlich auch nach Tarif bezahlt – hatten eine ganz andere Motivation. Sie haben es schon einmal länger am Krankenbett ausgehalten. Das klingt sehr altmodisch, was ich da sage. Meinetwegen ist es eben altmodisch. Aber es ist meine Überzeugung, dass es mit einer christlichen Glaubensmotivation viel besser gelingt, den Menschen zu helfen.

Kuschel: Ich finde bei Ihnen sehr viele Äußerungen über Gott, finde Ihre Bereitschaft, direkt von Gott zu reden. Über die Gestalt Jesu äußern Sie sich kaum. Was steckt dahinter?

Wohmann: Ja, das macht mir auch zu schaffen, dass ich mehr von Gott spreche und mit Jesus Christus Schwierigkeiten habe. Über Jesus denke ich viel nach, er ist schwer vorstellbar, obwohl wir uns über ihn aufgrund der Erzählungen des Neuen Testaments durchaus Bilder machen können und sollen. Ich habe einmal bei einer Umfrage über den Martin-Scorsese-Film »Die letzte Versuchung Jesu Christi« geantwortet. Es ging um die Frage, ob man etwas gegen den vermenschlichten Jesus haben könne, ob man sich Jesus in einer Ehe vorstellen könnte und so weiter. Alle diese hypothetischen Fragen missfallen mir außerordentlich. Denn ich denke, weil er ohne Sünde war, war er natürlich kein Mensch wie du und ich. Aber in diesen ganzen Fragen zeigt sich wieder das Bedürfnis in unserer heutigen kumpelhaften Ära, auch in Jesus Christus einen Jedermann zu sehen, einen Menschen wie du und ich, einen *Reader's-Digest*-Typen. Darin liegt wohl auch meine Schwierigkeit mit der Jesusgestalt: dass er Mensch war. Wenn er ganz Mensch gewesen wäre und alles erklärbar, dann bedürfte es auch des Glaubens nicht, denn dann könnten wir alles verstehen.

Kuschel: Wäre es unfair, wenn man sagen würde, Gabriele Wohmann schreibt trostlose Literatur, ist aber als Mensch selber auf der Suche nach Trost?

Wohmann: Trostlos sollte man vielleicht nicht sagen. Gabriele Wohmann schreibt Literatur über Ungetröstete, über Trostbedürftige, über Trostversessene. Das kommt in der Tat häufig vor bei meinen Personen, und das wird mir von der Kritik angekreidet, dass diese Leute so trostbedürftig sind. Es kommt auch vor, dass sie das Leben als Jammertal empfinden, und das können viele am allerwenigsten vertragen, wenn man das sagt. Das verstehe ich nicht, dass man angesichts all der Katastrophen und Schizophrenien auf dieser Erde nicht zugeben kann, dass wir hier unerlöst sind, und dass man dann statt dessen behauptet, das Reich Gottes sei hier, im Diesseits eigentlich schon angebrochen.

Kuschel: Ist es möglich, dass Sie dadurch das Gefühl des Fatalismus, der Unabänderlichkeit des Schicksals verstärken?

Wohmann: Nein, viele Leser schreiben mir Briefe und sagen, dass sie sich wiederfinden in einer Person eines Romans oder in dem Verlangen, das darin ausgedrückt ist; die Art, wie ich schreibe, wird als wahrheitsversessen erkannt. Dadurch wird die Literatur glaubwürdig. Viele Menschen suchen in der Literatur nicht vordergründigen Trost, sondern sie suchen Wahrhaftigkeit und Identifikationsmöglichkeiten. Das kann ich selbst auch bestätigen, weil ich es lieber mit der Wahrheit etwa einer unglaublich traurigen Schubert-Musik zu tun habe als mit einer Operette.

Kuschel: Zwischen dem Roman »Ernste Absicht« (1970) und »Schönes Gehege« (1975) hat es ja so etwas wie einen Themenwechsel gegeben: Die Suche nach Trost, nach Sinn und nach einem Transzendenzbezug ist stärker. Was ist zwischen 1970 und 1975 passiert? Ist das genau der Zeitraum, in dem Sie sich stärker der Religion als Motiv Ihrer Literatur zugewandt haben?

Wohmann: Vielleicht hängt es auch damit zusammen, dass 1974 mein Vater gestorben ist. Danach habe ich mich wohl gründlicher mit Theologie beschäftigt. Vorher war es eher so, dass ich dachte, da ist einer da, der dafür zuständig ist, du brauchst es gar nicht selber zu wissen. Vielleicht bin ich danach zu einem selbstständigen Denken auf diesem Gebiet gekommen, ich bin mir aber nicht sicher, ob dieser Zusammenhang wirklich besteht. In der Regel analysiere ich mich nicht selbst.

Es gibt natürlich auch Leute, die die Antwort wissen und sagen: Aha, die Frau wird halt älter, deswegen wendet sie sich religiösen Fragen zu. Ich glaube aber nicht, dass das richtig ist. Es gibt ja auch Leute, die entdecken, dass meine Geschichten jetzt versöhnlicher werden. Dann merke ich immer, sie wollen von mir hören, dass ich älter werde. Dann kann es passieren, dass ich sofort eine bissige Satire dazu schreibe, weil mich das wurmt ...

Kuschel: Ich möchte zum Abschluss noch ein Zitat von Ihnen vorlesen. In dem Gedicht »So ist die Lage« sagen Sie: »Unter den Atheisten bin ich auf Kirchenlieder und Bibelzitate versessen, in der Gemeinde machen meine Zweifel mich nervös und unfreundlich, gegen die Extremisten verfechte ich den Standpunkt der absoluten Ausgewogenheit, mit den Liberalen finde ich die Liberalen scheißliberal.« Ist das, was die ersten beiden Sätze angeht, Ihre Position?

Wohmann: Ja. Atheisten enttäuschen mich unglaublich. Sie machen mich traurig und trübselig. Ich kenne die Einstufungen von dieser Seite schon als Kind. Als Pfarrerstochter gehörte man ja auch in diese kleine verachtete Schar, die mit einem »Sprechen wir besser nicht davon« oder »Das ist doch alles Quatsch« versehen wurde. Viele sind Atheisten auf eine platte Weise. Das finde ich trostlos, hier kann ich das Wort trostlos gebrauchen. Das ruft meinen Widerstand hervor. Da werde ich umso gläubiger oder versessener, es zu sein.

Kuschel: Aber in der Gemeinde der Glaubenssicheren vertreten Sie den Standpunkt des Zweifels?

Wohmann: Ja, sie machen mich nervös. Ich habe es auch schon erlebt, dass in einem Pfarrershaushalt die Frau mit einem Gebetswürfel hantierte, auf jeder Würfelfläche stand ein Gebet; sie würfelte, um das »Gebet des Tages«, das Tischgebet und so weiter ...

Kuschel: Das Gedicht kann man also so interpretieren, als würden Sie jeweils eine verschiedene Rolle spielen?

Wohmann: Es ist das Gefühl, in eine innere Opposition gedrängt zu sein. Es ist auch das Gefühl der Unzugehörigkeit. Dass man nirgendwo den Platz entdeckt hat, wo man sich zugehörig fühlt auf dieser ganzen Welt.

Psalm 131

Mein Freund, mit dem ich um halb fünf verabredet war, musste noch zwischen einem Chef und dessen Schwiegersohn Streit schlichten, ungefähr während ich die St.-Gotthardus-Kirche verließ, weil dort ein Mann im Mantel erschien, um das Schild zu rechtfertigen: Erwachsene 0,30, Führung 0,50, Kinder die Hälfte. Ich will in Kirchen nichts besichtigen, ich will nur dort und nicht mehr ganz hier sein, ich will, dass mir Psalm 131 gelingt und meine Seele wie ein kleines Kind bei seiner Mutter wird.

Ich überquerte den großen Platz zwischen St.-Gotthardus-Kirche und Dom und trat in den Dom ein. Wieder kein Glück mit Tränen, denn keiner übte auf der Orgel, und mein Freund versöhnte Schwiegervater und Schwiegersohn mit seiner unglaublichen Methode, fast ohne Worte, mit seinem Verhalten, das vielleicht Mitleid erregt, mit Einsilbigkeit, die als Scheu erscheint. Ich fror im Dom. Ein Aufseher fragte mich, ob ich die Führung zum Domschatz mitmachen wollte, ich sagte, ich müsse leider sofort weg und wollte nicht weg und ging weg. Noch viel Zeit bis zum Treffpunkt Spätrenaissance-Portal der St.-Michaelis-Kirche, während mein Freund wahrscheinlich mit wieder aufflammendem Halsweh seinen Kurzbesuch bei der EFH-Vertragsfirma machte und sehr leise mit der Sekretärin über Buchhaltung und Seitenstrangentzündung redete – weil sie in ihn verliebt ist, ich vermute das, versteht sie ihn, aber diskret fragt sie nicht nach dem Stand der Dinge, denn seit sie ihn kennt und seit ich ihn kenne, will er sich scheiden lassen. Mein Freund im staubigen Lichtkegel des Büros, und ich habe in der St.-Michaelis-Kirche gewartet. Ich trat ein durch das Spätrenaissance-Portal, ich stand unter dem gotischen Langhaus, dessen Barock- und Rokoko-Innengestaltung den gotischen Eindruck stört, mich störte, dass mein Freund fast so aussah, als wolle er die Sekretärin streicheln, ich wollte etwas Frommes empfinden, die Sekretärin hat seit fünfeinhalb Wochen auf diesen Augenblick gewartet. Auf dem Hochaltar stand das als Gnadenbild verehrte, von einem unbekannten italienischen Meister des frühen dreizehnten Jahrhunderts stammende »Biedener Kreuz«, und mein Freund hätte jetzt gut seine angenehme rechte Hand auf die Hand der Sekretärin legen können, denn ihre Hand wartete auf den Computertasten. Sie betrachteten Kopf an Kopf Abrechnungen, am Choreingang saß die Mutter Gottes unbewaffnet in der Umzingelung von Blumen und brennenden Kerzen. Betete ich, indem ich einfach bloß so abwartete? Ich gab meine schwer zu zügelnde Ungeduld in Kirchen als Gebet aus, während mein Freund, um seinen Hals zu schonen, fast unverstehbar leise sagte: Personelle Dinge sind beinah am wichtigsten. Das Schnitzwerk aus dem Jahr fünfzehnhundertsechsundzwanzig und dieses Geduldsgebet, worin undeutlich meine Familie vorkam, nicht aber mein Freund, vor allem jedoch und wie immer kam ich darin vor, denn wer immer im Mittelpunkt steht, das bin schließlich dann doch ich. Aber ich nannte es Gebet, weil es, was es auch war, in einer Kirche stattfand. Die Kirche war nicht zu kalt, der Mann hinter meiner Schulter hatte aufgehört, sie mir zu erklären, ich saß allein, zwang mich zu »Eleanor Rigby« als Ohrwurm, und mein Freund sagte, in seinem hirschbraunen Regenmantel auf der Tischkante sitzend, schwer, erschöpft, liebenswürdig: Junge Damen mit Talent sind besonders knapp. Die Sekretärin wusste nicht, was sie davon halten sollte, und bot meinem Freund Rotwein an: Gut für den Hals.

Ich habe die St.-Michaelis-Kirche verlassen. Ich ging sehr rasch drei, vier Straßen weg, vom Spätrenaissance-Portal einfach weg, ohne auf die Richtung zu achten. Mein Freund trank aus Höflichkeit einen Schluck Rotwein. Wir wollten uns am Spätrenaissance-Portal treffen. Ich trat durch die Ladentür des Spirituosengeschäfts und kaufte eine 0,5-Flasche Korn. Bezahlen, hinausgehen, rasch zurück, aber nicht zurück zur St.-Michaelis-Kirche, sondern in eine an dieser Vorstadtstraße stehende andere Kirche, deren Namen ich nicht kannte, ich trat ein, auf der Straße konnte ich ja nicht bleiben. Es war eine aufgeräumte kleine Stadt, in dieser Gegend fand ich keinen Park, kein Gebüsch, hier konnte man nichts geheimhalten, kein verweintes Gesicht, die Leute sahen aus, als fielen sie jeden an, der nicht mitmachte. Aber auch diese öde Kirche war mir katholisch genug, Hauptsache: Ewiges Lämpchen.

Ich fand mich sofort in einem Seitenkapellchen zurecht, dort war es schattig und muffig, ich nahm den ersten Schluck, jetzt erschiene bald mein Freund, pünktlich wie immer, drüben am Treffpunkt Portal, eben ordnete er seinen weinroten Schal, die Sekretärin entfernte ein Haar, das sie auf dem Regenmantel entdeckt hatte und das ihr dazu verhalf, meinen Freund anzufassen. Ich ging in der Kirche umher, ab und zu trinkend. Ich war nicht bei der Sache, aber das macht nichts in Kirchen. Mein Freund kränkte diesmal die Sekretärin und nahm keinen Rotwein mehr an. Sie redeten beide leise, auch die Sekretärin hat eine leise Stimme: Gurgeln Sie doch mit Salbeitee. Mein Freund sah wieder auf die Uhr und dachte an das Spätrenaissance-Portal. Kopfweh hatte er wahrscheinlich jetzt auch. Immer nur in Kirchen, bevor ich irgendwas in der Außenwelt genießen kann, und damit ich es kann, nur da und nur dann lasse ich meine Lindigkeit allen Menschen kundtun, wenig Zeit dafür, aber meinen Schuldigen vergebe ich auch, flüchtig, wie mein Nadu-weißt-schon-Gebet, und ich dachte an die Fotografien meiner Himmelslieben: sind alles Gebete. In dieser Kirche wollte ich weinen. Ein verweintes Gesicht am Spätrenaissance-Portal hätte meinen Freund vielleicht irritiert und zum Dauerthema seiner denkbaren Scheidung gelotst. Ich dachte an die Särge auf dem Friedhof der Kreisstadt, an das Grab Ludwig mit der Horn-Landschaft. Ich hatte fest vor zu weinen und trank wieder etwas Korn. Ob ich auch vorhatte, meinen Freund gar nicht mehr zu treffen, machte ich mir nicht klar. Kamillentee ist auch gut, Sie dürfen es nicht anstehen lassen; die kurze Strecke bis hin zu meinem Freund, ihr Gesicht an seins. Bettruhe, Schwitz-packungen, Inhalationskuren, Trinkkuren.

Ich lief immer wieder die gleichen Wege zwischen Beicht-stühlen und Bankreihen auf und ab, vorbei an unverständ-lichen Siebensachen, als Gast unter geheimnisvollen Bedeutun-gen, ich wusste nichts davon, ich konnte herumstreifen, es schwieg sich aus und war beredt, ich grapschte eilig, aber keiner war da, nach ein paar kostenpflichtigen Karten mit Innen- und Außenansichten der Kirche und nach kleinen frommen Heften und steckte sie ein, und Gott sah meinen Diebstahl mit Wohl-gefallen an, wie alles von mir. Gurgeln mit Öl, lassen Sie es nicht anstehen, und Kopfdämpfe mit Kamillentee, Einträufeln von mildem Nasenöl und wie gesagt: Salbei. Es gibt eine große Aus-wahl von Möglichkeiten. Ich kam mir nun doch, inmitten die-ser allseitigen Vergebung, im Stich gelassen vor, Ende meiner Geduld, keiner für mich da. Ich fand in dieser Kirche zum ers-ten Mal in meinem Leben den Gedanken an Sterben nicht so übel. Dies Stumme würde sich zu erkennen geben, wenn ich hier erst tot vor einem der Altäre läge. Jemand käme dann, um sich mit mir zu befassen. Mein Fall würde beratschlagt.

Sie verabschiedeten sich mit zweifellos wiederum leisem Wortwechsel. Dies Rechnungsschreiben auf dem antiken Fla-schenhals wird aufhören. Und lassen Sie es bloß nicht anstehen. Ihr glattes braunes glitschiges Haar fand er jetzt schön. Es hat nur mit Schönheitssinn zu tun, es ist ein gewisser Reiz, es reizt doch, etwas sehr Glattes, Spiegelndes, vielleicht Glitschiges an-zufassen, um es kennenzulernen. Ich habe mich an eine Wand gelehnt. Sie war kalt, in ihrem Rauhputz glich sie einer Außen-wand. Mein Freund näherte sich jetzt vielleicht dem Spätre-naissance-Portal. Er war müde.

Auf dem einen der Fenster über mir prangte ein riesiger blauer Anker wie das Kennzeichen einer Schifffahrtslinie, aber wahrscheinlich hieß das: Gott ist dein Anker. Unter dem Anker eine steife, schlechtgemalte Brandung. »Mein Wandel in der Welt / Ist einer Schifffahrt gleich«: Vielleicht hatte der Künstler die Bach-Kantate im Sinn. Übrigens hat auch in dieser Kirche kein Organist geübt: Tränen ade. Warum überhaupt will ich weinen, ohne Anlass. Vielleicht, um doch hinter einen tief verborgenen Anlass zu kommen, den Anlass aller Kreaturen. Die Sekretärin stand vor dem Spiegel ihres wieder sehr stillen Büros. Die Brandungswellen auf dem Fenster sollten wohl ein Symbol für unsere irdischen Quälereien sein, oder nicht? Mein Schwesterchen, dich nehme ich ja, wie du gewiss dort oben im Himmel weißt, in alle Kirchen mit, mein Schwesterchen, es war beruhigend, dass ich den ganzen vermenschlichten Sinn nicht genau kannte und dass er doch mir galt, ja auch mir, dir jetzt nicht mehr, das hast du hinter dir, und vielleicht ist unsere mit dem Himmel verwobene Erziehung daran schuld, dass wir so gern Kummer in Kirchen haben. Dann das Fenster mit den Flammen, drei im Hochschlagen erstarrte Zungen wie auf einem Werbeplakat für Feuerversicherungen.

Die Sekretärin hat etwas Bräunliches angehabt, mit schalartigem Gebilde, sodass mein Freund sich kein genaues Bild von der Figur der Sekretärin machen konnte, er konnte jetzt schon das Spätrenaissance-Portal am Ende der Michaelisstraße sehen. Schlank hätte gepasst. Es war aber nicht erwiesen.

Ich fand die Taufkapelle, sie war ein graues, kühles Sechseck mit Oberlicht aus einem blauen Fenster. Die gehämmerte Taufschale auf dem Steinpfosten wirkte wie ein Schlachtopfertisch, rundum die Rinne fürs Blut. Da trank ich den Korn aus, ich hockte mich hin, ich saß auf dem kalten Fliesenboden und hatte kein Sterbemittel außer dem Korn, aber der würgte mich wieder und jetzt immer stärker. Schwesterchen, wenn man bedenkt, wie trinkfest wir beide früher waren! Der Korn wollte mir nicht schaden und kam einfach hoch, mein Liebes, genau das in der Taufkapelle, ein schlechtes Sterbemittel, während mein Freund etwas nervös mit Schluckbeschwerden und Fremdkörpergefühl und ohne über die Figur der Sekretärin genau Bescheid zu wissen seine Uhr mit der Kirchturmsuhr verglich, kurz bevor er um die Kirche herumging in der Erwartung, mich vor einem anderen Portal zu finden, obgleich er sicher war, dass wir Spätrenaissance-Portal, siebzehnuhrdreißig ausgemacht hatten. Ich hing immer noch über der komischen Rinne rund um den Taufpfosten, die wie ein leeres Aquarium aussah. Die Kampffische unseres Bruders fielen mir ein und das, was ich meinem Freund über sie erzählt hatte, mein Freund wollte immer wieder Geschichten über die Kampffische hören. Ich ging in der leeren Kirche herum und kroch in die Beichtnischen, aber ich konnte nirgendwo einen Pfarrer finden. Mein Freund hatte vielleicht Fieber, er hatte vielleicht das Haar der Sekretärin anfassen wollen, jetzt kämmte sie es lustlos in ihrem für Wochen verödeten Büro, jetzt hatte ich endlich eine Sünde begangen, zu der ich mich bekennen wollte, das bisschen Spucke in der Taufschalenrinne, Kirchenschändung wahrscheinlich. Ich würde mich strafbarer machen, um ein noch dringenderer Fall zu werden, und eine Gauloise rauchen. Ich war reif für einen Pfarrer oder sonst jemand, von dem ich mich hätte finden und zurechtweisen lassen.

Das war schon eine regelrechte Pharyngitis, die meinen Freund plagte. Er kam nicht auf die Idee, in die Kirche einzutreten, um wenigstens Windschutz zu haben, solange er auf mich warten musste. Er geht nicht so gern in Kirchen. Es ist ihm dort, soviel ich weiß, etwas unbehaglich, auch langweilig. Ich wartete noch eine Zeit lang auf einer Bank, ich war nicht wie im Psalm 131 still und ruhig geworden wie ein kleines Kind bei seiner Mutter, und um mich dann wenigstens auf den Kontrast zu konzentrieren und noch straffälliger zu werden, nicht vor Gott, von dem ich erkannt bin, ihm muss ich nichts beteuern, um wieder ein Fall für einen Pfarrer zu werden, habe ich mich aufgerafft und vor dem Treffen mit meinem Freund einen ganzen Stoß leerer Briefumschläge, die für Spenden gegen den Hunger in der Welt gedacht waren, gestohlen und zu den Ansichtskarten und frommen Heftchen in meiner Tasche gestopft. Ich habe später Briefe an unsere Eltern in sie geschoben. Nein, ich hatte keinen Plan.

Das unvorstellbare Glück

Täglich morgens nach dem Aufwachen, beim ersten Kaffeebecher, der ersten Gauloise, memoriere ich, was dem Apostel Paulus gelang und ich ihm gleichtun will: »Ich vergesse, was dahinten ist, und strecke mich zu dem, das da vorne ist; ich jage ihm nach, dem hochgesteckten Ziel, dem Kleinod, welches uns vorhält die himmlische Berufung Gottes in Jesum Christo.«

Ich soll also, schwierige Sache, vergessen, was dahinten ist: mein Leben, dieses irdische Auf und Ab, alles, woran ich mich gewöhnt und worin ich mich eingelebt habe und wofür ich Anhänglichkeit empfinde. Ja, aber auch die Schrecken und Ängste, die Sorgen um die Menschen, zu denen ich gehöre und die ich liebe, vergessen auch meine geliebten Toten und deren vom An-sie-Denken stabilisierte Präsenz in meinem Alltag, in den ich sie integriere. Abschied vom Vergangenen, der wie ein Abschied von mir selber ist: »Ich vergesse, was dahinten ist ...« Das hört sich sehr radikal an, fast ein wenig unbarmherzig, auch treulos gegenüber dem Dahinten, meiner Erdenexistenz, meiner Biografie der Erinnerung auch der Anfänge inmitten einer geliebten und für mich idealen Familie, in günstigen Bedingungen, treulos gegenüber meinen Erfahrungen im Verlauf der Zeit, guten Erfahrungen und weniger guten, aber auch um die weniger guten würde die Mehrheit der Menschen auf diesem Globus mich noch beneiden.

Beim Vergessen, »was dahinten« ist, nützt mir und erleichtert mich eine andere biblische Stelle, eine hoffnungweckende Ankündigung: »Denn wir haben hier keine bleibende Stadt, sondern die zukünftige, die suchen wir.« Dass ich das Zitat aus seinem historischen Zusammenhang ins Transzendente hinaufzwinge, weiß ich. Es hilft bei den Todeseinübungen. Ich muss, um richtig zu leben, richtig zu sterben lernen und deshalb mich von den Anhänglichkeiten, den Gewohnheiten, den

Bindungen trennen, und manchmal erlaube ich mir die kindliche Vorstellung, es könnte ja eine bloß vorübergehende, bloß aufs doch immer unzulängliche Irdische bezogene Trennung sein, und dann sage ich es Shakespeare nach: »Dereinst, in einer besser'n Welt als dieser / Wünsch ich mir mehr von eurer Lieb' und Umgang.«

Goethe wünschte vom schönen Augenblick, er möge verweilen, Karl Barth fand keinen irdischen Augenblick des Verweilens wert, nicht hier in der nicht bleibenden Stadt, worin jeder zaghafte Glücksmoment nur ein Splitter im allgemeinen Unglück sein kann. Der zukünftigen Stadt, also dem »hochgesteckten Ziel« zuliebe müsste uns demnach doch die Vergessenstrennung von dem, »das dahinten ist«, wirklich sehr leicht fallen. Bestimmt erwartet uns, was Cicero sich unter einem glücklichen Leben vorstellte: die Freiheit von Sorgen. Keine Ängste mehr: ein unvorstellbares Glück! Und selbst wenn meine frommen Phantasien nicht wirklich werden würden und mein Glaube nur (aber was heißt: nur!) die beste Therapie für den Zustand Leben gewesen wäre, selbst wenn die Atheisten recht gehabt hätten und meine Glaubenshoffnungsliebe sich als Palliativmethode und Irrtum erweisen würden und der Tod nur Tod wäre und sonst gar nichts, selbst für diesen enttäuschenden Fall, über den uns nichts und niemand aufklären kann, stünde fest: Nie mehr wird uns die alle Kreatur definierende Todesangst zusetzen. Nahe dem Tod ist nicht vor dem Tod. Wenn wir gestorben sind, müssen wir nicht mehr sterben. Nietzsche spricht vom Vorrecht der Toten, nicht mehr sterben zu müssen.

Doch will ich auf »Kleinod« und »hochgestecktem Ziel« bestehen und ihnen, dem Paulus gleich, nachjagen, deshalb vergessen, was dahinten ist, denn da vorne ist das Schöne, nach dem der Bach-Kantaten-Bariton fragt: »Wo bleibt das Schöne nun?« Da vorne ist Herrlichkeit in Ewigkeit, das uns unvorstellbar Beste, vor dem, wie Karl Barth sagt, nach dem Tod der Vorhang endlich erst richtig aufgeht.

So gesehen ist es ja überhaupt nicht mehr deprimierend, die irdischen Abschiede zu antizipieren, und überall rät auch die Bibel mir dazu: »Herr, lehre mich bedenken, dass ich davonmuss …«, »dass es ein Ende mit mir haben muss …«. Und das Bedenken, nämlich dass ich sterbe, soll dazu führen, »auf dass ich klug werde«. Klug genug für die Vorfreude? Auf das »hochgesteckte Ziel«, um dessenwillen ich »vergesse, was dahinten« ist und dem ich, mich täglich belehrend, nun auch stimuliert nachjage? Zu dem ich mich strecke, zu dem »da vorne«?

Und nun kann ich, wieder aus seinem ganz anderen Zusammenhang, 1. Mose 24, Vers 56 reißen, weil es so gut zu des Apostel Paulus' sehnsüchtigem Seufzen passt: »Haltet mich nicht auf, denn der Herr hat Gnade gegeben zu meiner Reise.«

Über Diesseitiges hinaus

Was soll ein Christ in der Gegenwart lesen? Ich frage zurück und nach dem, der sich der christlichen Religion und Tradition zugehörig fühlt und trotzdem nicht weiß, was er für seine Erfahrungs-Sehnsucht nach Transzendenz und religiöse Wissenserweiterung tun (lesen) sollte, aber jederzeit könnte, denn er müsste die unumgängliche Lektüre kennen. Wie ist er aufgewachsen? Bei Eltern, die ihm in der frühen Kindheit mit dem Abendgebet erste Phantasien über die pur-diesseitige Welt hinaus ermöglicht und, indem sie ihn mit einem *lieben Gott* bekannt machten, den allerwichtigsten Zufluchtsweg geöffnet haben?

»Ich glaube, weil mein Vater es mir gesagt hat.« Wir verstehen diese auf die extremste Einfachheit hinuntergespielte Begründung, die vom sonst in keinem einzigen seiner Sätze noch einmal so einfach zu lesenden *Sören Kierkegaard* stammt (und doppeldeutig kann er auch – Vater! – interpretiert werden); doch Kierkegaard meint hier das Real-Faktische: sein Aufwachsen in der Familienaura mit dem Theologen-Vater. Und das Werk des großen Schriftstellers und Religionsphilosophen Kierkegaard sollte in keiner Bibliothek, die eine Bibliothek sein will, und auch nicht beim Nicht-Christen fehlen. Was für uns Nicht-Theologen und -Philosophen zu kompliziert ist, kann man auslassen, Funde machen wird man auch so, am leichtesten gelingt das zunächst bei den Tagebüchern.

Und verhältnismäßig leicht hat man es beim ebenfalls unentbehrlichen *Karl Barth* mit dem »*Barth-Brevier*«. Hier entsteht für mich der Eindruck gütiger, gleichwohl nicht wissenschaftlich verwässernder Zuwendung, adressiert an uns Amateure, die verstehen wollen, von welchen Deutungen und Erklärungen es abhängt, dass wir glauben sollten – wie ich finde: uns selber und nicht etwa Gott zuliebe.

Martin Luther (sein Stoßseufzer-Gebet »Herr, ich glaube, hilf meinem Unglauben!« wirkt wie das Fundament aller Gebete) sollten wir lesen, nicht nur seine Übersetzung der *Bibel,* die allerdings selbstverständlich die Grundlage jeder anderen Lektüre bleiben wird.

Übrigens nützt es auch Gläubigen, die sich vor den Ungläubigen als etwas unbedarft und irrational ein bisschen genieren, sich mit nicht-theologischen Philosophen und mit Naturwissenschaftlern gegen den Vorwurf von Jammertalmentalität und Jenseitshoffnung zu verteidigen: zum Beispiel mit *Immanuel Kant,* der es für vernünftig hielt zu glauben. Mit *Blaise Pascal,* der Atheisten dumm fand und das in vielen Kapiteln der Beweisführungen belegt …, und sogar beim Zitieren von *Albert Einstein* kann der vermeintlich Naive gegenüber dem vermeintlich Aufgeklärten triumphieren: »Der Herrgott ist raffiniert, aber nicht böse.«

Ein Jesus-Jedermann
wäre enttäuschend

Warum sollten wir Nichtfachleute den Erzählungen des Neuen Testaments misstrauen? Womit hängt die Spekulationsfreude zusammen, die nach *Readers-Digest*-Zuschnitt in Jesus einen »Menschen wie du und ich« haben will? Zur persönlichen Entlastung? Zur Überwindung der unüberwindlichen Distanz? Aus Identifizierungsgier? Ist es nicht viel beruhigender, festzustellen, dass Jesus Christus kein Mensch nach üblichem Menschenmaß war? Hilfreich käme er mir doch gar nicht vor, vielmehr enttäuschend, so ein Jesus-Jedermann. Jesus als Ehemann, womöglich als Familienvater, geschlagen mit allen dazugehörigen Widrigkeiten, mit guten und schlechten Ablenkungen, dem menschlichen Auf und Ab der Seele unterworfen: Solche Vorstellungen überbieten noch die in unserer kumpelhaften Ära gängigen Metaphern zur Nivellierung und zur Verleugnung des qualitativen Unterschieds zwischen Mensch und Gott.

Wäre aber all das unbewiesen Vermutete die Wahrheit, Jesus identisch mit dem gewöhnlichen sterblichen Menschen, wäre das Unbegreifliche begreiflich, das Unanschauliche anschaulich, dann hätte es keinen Kierkegaard gegeben, es gäbe kein Paradox, also, verkürzt gesagt, nicht den Glauben. »Die Heilsbotschaft fordert Glauben« (Karl Barth). »Die direkte Kenntlichkeit ist gerade für den Götzen charakteristisch« (Kierkegaard). Der Glaube ist kein Menschenwerk. Wäre er es, käme auch er »unter das Gesetz des Nichtswürdigen und Vergänglichen alles Irdischen«. (Karl Barth, der, unter dem Stichwort »Gottesmänner«, erwähnt, dass der heilige Franziskus »lieber« war als Jesus, aber eben »ein Mensch, nichts anderes als ein Mensch«.)

Unter dem Joch des erbärmlichen, von Stimmungen und familiären Verpflichtungen unterdrückten Menschseins hätte doch der dann als Nur-Mensch bedauernswerte Jesus sich dabei überanstrengen müssen, in seiner kurzen Zeit auf der Erde Gottes Zusage zu lehren, denke ich; und ich denke auch, in wie viele Banalitäten die Vermenschlichung noch weiter auszudehnen wäre – zu niemandes Gewinn.

Diese Liebe währt ewig
Antwort auf die Frage eines achtjährigen Mädchens

Du fragst, ob es *noch* das Christkind gibt? Was heißt denn *noch*? Wenn es das Christkind gab, vor über zweitausend Jahren, als es auf die Welt kam, dann ist doch sein Geburtstag so wenig aus der Geschichte zu tilgen wie dein eigener, stimmt's? Vor Christi Geburt – nach Christi Geburt: sogar unsere Zeitrechnung richtet sich nach dem wichtigsten Ereignis, das bis in unsere Gegenwart jedem einzelnen Lebewesen Gottes Liebe zusichert. Ihm verspricht: Du bist nicht verlassen, du bist nicht verloren. Meinst du, die Engel hätten den erschrockenen Hirten damals in der dunklen Weihnachtsnacht nur ein Märchen vorfantasiert? »Fürchtet euch nicht!« Das ist eine Einladung, die bis zum heutigen Tag gilt. Im Lukas-Evangelium des Neuen Testaments findest du die Weihnachtsgeschichte, und am besten beginnt man jeden 24. Dezember damit, dass man wieder liest, was Lukas erzählt. Erst danach, so denke ich, gibt es Grund und Anrecht zum Freuen. (Es missfällt mir sehr, wenn dieser 24.12. zum gedankenlosen »Bescherabend« herunterkommt.) Es ist nicht schlimm, wenn du die Weihnachtsgeschichte nicht völlig verstehen kannst, entscheidend aber, dass du dich ihr anvertraust. Durch Christi Geburt hat sich das Geschick von uns Menschen grundsätzlich zum Guten gewandelt. Der neugeborene Jesus dort im Stall von Bethlehem macht unsere Beziehung zu Gott leibhaftig, und unsere Erlösung von Erdenqualen darf seitdem als sicher gelten. Schöne alte Weihnachtslieder solltest du singen. Wenn diese dankbare Andacht fehlt, muss man sich auch gegen den Festtagstrubel entscheiden. Alles andere ist unehrlich. Wir feiern den Geburtstag von Jesus von Nazareth nur dann mit Recht auf Lustigkeit, Christbaum und Geschenke, wenn wir darin die »Frohe Botschaft« erkennen, die

Zusage Gottes, die da heißt: Gott ist durch seinen Sohn – dein »Christkind«, aber es wurde ja erwachsen – ein Mensch geworden. Er ist für uns andere Menschen durch Leiden gegangen und am Kreuz gestorben, dann aber, zum Beweis für unser aller Ewigkeit, »wieder auferstanden von den Toten« … das alles heißt: Gott hat uns lieb. Dich auch.

Und falls du vielleicht nur gemeint hast, ob es *noch* das Christkind ist, das deinen Weihnachtswunschzettel liest und dir Geschenke bringt, dann kann man auch dazu fast *Ja* sagen: Denn wäre es nicht geboren, dann hätten wir am 24.12. einen Tag wie jeden anderen und keinerlei Grund zum Feiern.

Offiziell könnte Weihnachten ausfallen

Die »Bedeutung« ist der Anlass, und der wird in Lukas 2,11 unumwunden erzählt: »Und der Engel sprach zu ihnen: Euch ist heute der Heiland geboren!« Seine Nachricht ist eine Anrede an die Hirten, und damit zeigt sie auf uns alle. Der Engel trifft keine Auswahl, fragt nicht, ob wir die Botschaft verstehen, ob wir der vorangegangenen Verheißung getraut haben, ob wir gut oder böse oder fromm oder abweisend sind – vielmehr ist jeder in diese Geschichte involviert.

Bei Karl Barth lese ich den Vergleich des Gottesgeschenks mit den weihnachtlichen Gaben des weltlichen Vaters: Beide bevorzugen keinen, bei ihnen gilt keiner als der Erste oder der Letzte. Und ich muss an meinen Vater denken, an seine Güte und Liebe, die mir schon in meiner Kindheit zum Verwechseln ähnlich mit den göttlichen Praktiken vorkamen.

Aber mit Gottes Sohn als Baby habe ich Probleme, meine kindliche Gedankenlosigkeit ging selbstverständlich verloren, und ich denke ohne die Souveränität des verkündenden Engels beispielsweise über das zum Konsumrauschfest heruntergewirtschaftete Weihnachten nach. Von mir aus könnte es offiziell ausfallen, damit nicht Leute mitmachen, die christliche Feiertage nur noch zu Kurzurlauben und kitschigem Jux nutzen oder Christi Geburt auf sentimentale Weihnachtserinnerungen reduzieren, im Kerzenschimmer, unter dem man heutzutage in jedem Restaurant das ganze Jahr über leiden kann. Doch sobald ich grimmig werde, sollte ich schleunigst mir den Lukas-Engel vorhalten, den es nicht kümmerte, wer ihm glaubte und wer ihm dies verweigerte. Und Gott selber sind unsere Missbräuche sowieso egal.

Meine Wunschkirche

Warum stört es mich, dass die Abtrünnigen kirchliche Feste trotzdem feiern, Weihnachtsgeschenke, Ostereier machen Spaß, die weniger lustigen Anlässe via Kurzurlaub auch; in den Nachrichten heißt Himmelfahrt Vatertag, und die Kirche hat sich die Tilgung des Buß- und Bettags gefallen lassen – warum stört es mich, ich bin doch sicher, Gott macht sich nichts draus. Ihren menschlichen Repräsentanten wünsche ich Mut und Intelligenz, durch die sie an ihrem Auftrag der Verkündigung festhalten und der Versuchung widerstehen, mit den Lockmitteln der Vergnügungsindustrie zu konkurrieren. Mein Wunschpfarrer lässt sich vom Massenandrang bei Kirchentagen nicht täuschen, überfüllte Kirchen bei Motorrad-, Rave-, und Techno-Gottesdiensten reizen ihn nicht zur Nachahmung, er macht überhaupt keine Ausweichofferten, sich anbiedernd an die, denen ein herkömmlicher Gottesdienst langweilig ist. Bei Bibelzitaten benutzt er Luthers poetische Sprache, keine ins verflachende Neudeutsch niedergezwungene Übersetzung, und in seiner Predigt verkommen keine biblischen Metaphern zu Alltagsmünzen, und überhaupt: keine Ernsthaftigkeitsvermeidung. Keine Verlegenheit, der Gemeinde womöglich mit Gott zu nahe zu treten (es könnte ja nicht amüsant genug sein). Und ich wünsche mir Kirchenfenster ohne weltliche Abbildungen, zum Beispiel vom Baby-EKG bis zu dem des Sterbenden, oder Cholesterinwertetabellen und wer weiß was noch. Von meinem Pfarrer sollte man lernen können, die kreatürliche Angst vor dem Tod an Gottes Zusage zu messen und dann wenigstens von Zeit zu Zeit zu verlieren, gemäß: »In der Welt habt ihr Angst, aber seid getrost, ich habe die Welt überwunden.« Meinen Pfarrer sollte man nicht verdächtigen, eigentlich wäre er ja doch lieber ein Politiker geworden, ein Entertainer, ein synkretistischer Sozialpädagoge, ein bisschen Moslem, ein bisschen Hindu.

Goethe missfiel an der protestantischen Kirche, dass in ihr zu wenig von der Unsterblichkeit geredet und stattdessen ausgewichen wird auf die »nicht spirituellen Nebenschauplätze des Sozialen, der Tugend, Moral«. Tugend und Moral sind geschrumpft, die Nebenschauplätze wurden zahlreicher. Alphornbläser eröffnen einen hessischen Fernseh-Gottesdienst, die Gemeinde wendet sich im Lied nicht an Gott, sie besingt mit sonnwendfeierartigem Dank die Sonne.

Mein Wunschpfarrer gründet keine Deeskalationswiderstandsgruppe – er gibt die Frohe Botschaft weiter, und zwar so, dass für jeden die Erfahrung hervorscheint: Wichtigeres kann es nicht geben. Er macht klar, dass wir nicht Gott, sondern uns zuliebe glauben, uns Wort für Wort aus der Todesangst hinausbeten, und dass der Glaube die einzige Freiheit vermittelt, indem er uns aus der Enge unserer Vergänglichkeit erlöst.

Ist denn die Kirche nicht der einzige Ort, an dem über unsere unzulängliche Diesseitigkeit, Schwächen und Schrecken, die den Geist blamieren, hinausgesprochen und dem ganz gewöhnlichen Menschenleben seine Sterblichkeit in Erlösungsvorfreude verwandelt werden kann? »Sterben ist mein Gewinn«, sagt Paulus. Mit *meinem* Pfarrer wäre Goethe, der von der Unsterblichkeit hören wollte, sehr zufrieden. Über alles andere verhandeln kann doch jede Volkshochschule auch, einzig die Kirche besitzt diese schöne Stellvertreter-Macht, kann uns vom Jenseits erzählen.

Bin ich so altmodisch wie der Papst? Woraus bezieht er trotz seines manchen provozierenden Beharrens auf der reinen Lehre seine charismatische Anziehungskraft? Sogar auf die von allen Seiten umworbenen Jugendlichen? Trotz deren radikal gegensätzlicher Moralauffassung und Praxis? Weil der Papst nicht wie jeder, der eine Leitfigur sein möchte, dem Zeitgeist hinterherhechelt, der Zeitgeist ist dem Papst ganz egal. Und ob sie es klar erkennen oder nicht, diese Standfestigkeit imponiert den Jungen.

Am liebsten würde ich trendresistent der evangelischen Kirche eine andere als unsere Amüsiergesellschaft wünschen. Wer nicht im Sinn von Kierkegaards Satz »Ich glaube, weil mein Vater es mir gesagt hat« in der Jenseitsfantasienwelt ein Kind war, dem kann man nachträglich noch so gut zureden: Halte dir diese Tür offen – es wird doch die fremde sein.

Höchste Leidenschaft

Für *Sören Kierkegaard* ist der (christliche) Glaube »die höchste Leidenschaft in einem Menschen«. Gemessen an diesem Extrem klingt die Frage »Was schätzen Sie am Christentum?«, die mir von einem Journalisten gestellt wurde, lau-distanziert und beschränkt auf pur diesseitige Qualitäten, auf den Gebrauchswert unverbindlicher Weltlichkeit. Sie erinnert an Konsumenten-Umfragen nach irgendwelchen Produkten: Was schätzen Sie an Tweed? An italienischen Schuhen, an Chablis? Japanischen Autos? Über die Scheu, dem Gegenwartsmenschen mit dem Glauben zu nahe zu treten, würden frühere Geistesmenschen sich wundern. Kann man aber das Christentum als das Fundament abendländischer Kultur und als Denkbasis der Philosophie einfach abwägend bloß »schätzen«? Ist nicht auch hier diese Empfindung viel zu matt? Nicht herauszudenken aus unserer Tradition und mit Glaubensinhalt gefüllt muss das Christentum sein, Abtrünnigkeitsepochen standhaltend, für gönnerhaft anerkennende Wertschätzung unerreichbar.

Also beantwortet mit ihrer Verkäufer-Diskretion die Journalistenfrage schon diejenige nach der Rolle des Christentums in unserer Gesellschaft mit, indem sie diese als etwas Nebengeordnetes ausweist, als ein Angebot unter vielen, zur beliebigen Verfügbarkeit heruntergekommen. Vor Kierkegaards passionierter Radikalität fürchtet sich ja sogar der Phänotyp des Sozialpädagogik-Halbpfarrers, der sich hinter »Events« vor seinem Verkündigungsauftrag versteckt, um mit Ernsthaftigkeit keinen zu erschrecken, um viele mit Spaß anzulocken. (Müsste nicht die »Frohe Botschaft« mehr als nur Spaß machen?)

Auch ethische, rationalistische, heroisierende und ästhetische Bestimmungen bleiben mangelhaft. Das Christentum soll mir existenziell so unentbehrlich sein, wie es das als Inspirationsquelle für die Erbauer schöner Kirchen, Musik von Johann

Sebastian Bach, Luthers poetischer Kraft als Bibel-Übersetzer, insgesamt für die Künste war. Diese Beeinflussungsvehemenz, mit der es auf die einstige Geisteswelt einwirkte, hat sich abgeschwächt, dann verloren. Weit entfernt von Kierkegaards »höchster Leidenschaft«, kam die »Rolle der religiösen Frage« im aktuellen Geistesleben, in Zivilisation und Gesellschaft zur erlahmten Behauptung herunter, reduziert auf Ethik, und vor religiöser Entschiedenheit, die sie mit Intoleranz verwechseln, scheinen sich selbst die Kirchen zu genieren, während sie doch – welche Gleichzeitigkeits-Paradoxie – den »Dialog« mit dem (und wenn auch noch so fundamentalistischen) Islam suchen – der Islam sucht nicht nach dem Christentum.

Jesus Christus erzählt uns von der Welt, in der wir Angst haben, fährt mit dem überlebensrettenden, den Tod tilgenden *Aber* fort: »...seid getrost, ich habe die Welt überwunden.« Paulus sagt: »Es ist aber der Glaube eine gewisse Zuversicht und ein Nichtzweifeln an dem, das man nicht sieht.« Pascal fand Atheisten dumm, Kant: unvernünftig. Gadamer hielte sich für töricht beim Nein zum Glauben. Es wäre so, als liefere ich mich der Verzweiflung aus, käme mir, meiner Identität, meiner Familiengeschichte abhanden – nichts mehr übrig, nur noch das Nichts.

Endlich bricht der Tränenkrug

Mein Schreibtisch ist unaufgeräumt, aber dabei bleibt es. Ich kann mit den Seiten der aufgeklappten Bücher nicht verfahren wie mit Zeitungsseiten: Aus denen schneide ich, was mir jederzeit zur Verfügung stehen soll und daher an die Wand dem Schreibtisch gegenüber gepinnt oder geklebt wird. Also auch eine unordentliche Wand, die zuwächst, zum Beispiel mit Zeilen: »Genug ist nie genug« (C. F. Meyer) und Plinius: »Der Mensch weiß aus sich selbst heraus nur eine Sache zu tun: zu weinen.«

Und dann lese ich wieder auf meinem aufs Beste chaotischen Schreibtisch herum, ich lese bei Kierkegaard: »Durch die Frau kommt die Idealität ins Leben; was ist der Mann ohne sie? Manch ein Mann ist durch ein Mädchen Genie geworden, mancher Mann ist durch ein Mädchen Heiliger geworden –; aber er wurde nicht Genie durch das Mädchen, das er bekam, denn durch sie wurde er nur Etatsrat. Er wurde nicht Held durch das Mädchen, das er bekam; durch sie wurde er nur General. Er wurde nicht Dichter durch das Mädchen, das er bekam: denn durch sie wurde er nur Vater. Er wurde nicht Heiliger durch das Mädchen, das er bekam; denn er bekam gar keines und wollte nur eine einzige haben, die er nicht bekam, ebenso wie jeder von den anderen Genie wurde, Held wurde, Dichter wurde mit Hilfe des Mädchens, das sie nicht bekamen … Oder hat man schon jemals gehört, dass einer Dichter wurde durch seine Frau? Solang der Mann sie nicht hat, begeistert sie. Diese Wahrheit ist es, die der Einbildung der Poesie und der Frau zugrunde liegt.« So macht der Melancholiker Kierkegaard mich weiter melancholisch, und er hat recht; ein Melancholiker liebt seine Melancholie, und deshalb wird er sie nie loswerden.

Weiter mit meinem hochgeschätzten Melancholiker; ich bin jetzt bei der »Verzweiflung als Krankheit zum Tode«. »Ist Verzweiflung ein Vorzug oder ein Mangel?« Ich fürchte, für mich muss ich die positive Seite dieser Dialektik, den Vorzug, anzweifeln. Ich sage lieber *Ja* zu den Zeilen: »… und doch ist es nicht nur das größte Unglück und Elend, verzweifelt zu sein, nein, es ist Verlorenheit … Verzweiflung ist das Missverhältnis im Verhältnis einer Synthese, das sich zu sich selbst verhält … Wäre die Verzweiflung gar nicht da, so würde die Verzweiflung etwas sein, das in der Menschennatur als solcher läge, das heißt, so wäre es keine Verzweiflung; sie würde etwas sein, das dem Menschen widerführe, etwas, woran er litte, wie an einer Krankheit … oder wie der Tod, der das Los aller ist. Nein, das Verzweifeln liegt im Menschen selbst … jeder wirkliche Augenblick der Verzweiflung ist auf die Möglichkeit zurückzubeziehen, jeden Augenblick, da er verzweifelt ist, *zieht er sich zu* …«

Und später, zum Begriff der Hoffnungslosigkeit gelangt: »Wenn der Tod die größte Gefahr ist, hofft man auf das Leben; wenn man aber die noch schrecklichere Gefahr kennenlernt, hofft man auf den Tod. Wenn also die Gefahr so groß ist, dass der Tod die Hoffnung geworden ist, dann ist die Verzweiflung die Hoffnungslosigkeit, nicht einmal sterben zu können. In dieser letzten Beziehung ist nun die Verzweiflung die Krankheit zum Tode, dieser qualvolle Widerspruch, diese Krankheit im Selbst, ewig zu sterben, zu sterben, und doch nicht zu sterben, den Tod zu sterben. Denn sterben bedeutet, dass es vorbei ist …«

Ich lese vom Aufreizenden und vom kalten Brand in der Verzweiflung und von dem Nagenden, »dessen Bewegung ständig nach innen geht … Es ist so gar kein Trost für den Verzweifelten, dass die Verzweiflung ihn nicht verzehrt … dieser Trost ist gerade Qual …«

Aber das Wort *Trost* bringt mich in der Schreibtischwüste weiter, zur aufgeschlagenen, griff-lesebereiten und ganz vergilbten *Trost-Aria* des nostalgischen Barocklyrikers Johann Christian Günther:

Endlich bleibt nicht ewig aus
Endlich wird der Trost erscheinen
Endlich grüßt der Hoffnungsstrauß
Endlich hört man auf zu weinen
Endlich bricht der Tränenkrug
Endlich spricht der Tod: Genug!

Endlich wird aus Wasser Wein
Endlich kommt die rechte Stunde
Endlich fällt der Kerker ein
Endlich heilt die tiefste Wunde
Endlich macht die Sklaverei
Den gefangenen Joseph frei.

Endlich, endlich kann der Neid
Endlich auch Herodes sterben
Endlich Davids Hirtenkleid
Seinen Saum in Purpur färben
Endlich macht die Zeit den Saul
Zur Verfolgung schwach und faul.

Endlich nimmt der Lebenslauf
Unsers Elends auch ein Ende
Endlich steht ein Heiland auf
Der das Joch der Knechtschaft wende
Endlich machen 40 Jahr
Die Verheißung zeitig wahr.

Endlich blüht die Aloe
Endlich trägt der Palmbaum Früchte
Endlich schwindet Furcht und Weh
Endlich wird der Schmerz zunichte
Endlich sieht man Freudental
Endlich, endlich kommt einmal.

Dazu schweigt mein für diesmal einsichtiger Kommentarverstand: schöner, sehr trauriger Trost, der mir die Sprache nimmt. Der geht es genauso mit den heimweh- und meersüchtigen Sätzen von Henri Michaux, mir gegenüber an der Wand: »Eines weiß ich, eines ist mein: Das ist das grenzenlose Meer …« Seemann habe er werden wollen im Glauben, »auf einem Schiff müsste man nur das Meer betrachten, unaufhörlich würde man das Meer betrachten«. Was für erstaunlich zufriedenmachende, affirmative Wunsch- und Emotionsverwandtschaften entdeckt man beim Lesen doch (in Glücksfällen): Auch ich, ich hier, möchte unaufhörlich das Meer betrachten, und ich empfinde wie Michaux, der den Seemannsabschied macht: »… ich sagte nichts, ich hatte das Meer in mir, das Meer für alle Ewigkeit um mich herum. Was für ein Meer? Dies deutlich zu machen, wäre mir wohl schwergefallen.« Einen anderen Michaux-Satz nehme ich auch ganz habgierig für mich in Anspruch und in Besitz: »Wenn mir nichts wehtut zwischen zwei Leiden, dann lebe ich, als lebte ich nicht.«

Hat jemals einer gedacht, Ionesco sei ein Absurditäts-Kaspar? Ionesco ist ein trauriger Mann. Man sollte sein Tagebuch lesen. Ionesco offenbart sein unheilbares Erschrecken: »Man weiß nichts, außer dass der Tod da ist und meiner Mutter, meiner Familie und mir auflauert.« »Die Zeit entdecken heißt die Vergänglichkeit empfinden.« »Alle, die sterben, sind Bekannte.«

Wenn die tiefenpsychologische These stimmt, dass jede Angst ein unterdrückter Wunsch sei, so ist die Angst vor dem Tode der unterdrückte Todeswunsch; ich finde ihn auf jeder Seite, geäußert als Angst und als Angst erkannt von Ionesco, dem von Todesgedanken Umzingelten. Ich finde immer wieder: »Die Ahnung vom Ende« und auch das unüberwindliche, damit vernietete *Warum* und die Aporien seiner Beantwortung: »Die Nicht-Antwort ist die beste Antwort.« So finde ich dauernd also eigentlich mich selber, und das will ich beim Lesen vielleicht möglichst immer.

Ich habe, vor dieser Tagebuch-Lektüre, darüber nachgedacht, inwieweit Gleichgültigkeit ein lebensdienliches, ein das Leben erleichterndes Phänomen sein müsse und demnach wünschenswert; nicht unbedingt leben wollen, nicht unbedingt sterben wollen, überhaupt nichts unbedingt wollen, und keinen so gern haben müssen, dass er ein Verlust werden kann, dass also seine Existenz, weil ich sie brauche, mir Angst macht, weil ich sie verlieren werde. In einem solchen gewiss stumpfsinnigen Zustand würde man wenigstens nicht mehr sagen müssen: »Leben ist Unglück.«

Joyce-Fans und Bibliophile sind bereichert um eine späte Veröffentlichung: 27 Jahre nach dem Tod des Prosa-Pioniers erscheint zweisprachig, im Schuber, und mit dem Faksimile der 16 großformatigen Schulheftseiten das Tagebuch »Giacomo Joyce«; Notizen über eine Liebe aus den kargen Triestiner Jahren, Liebe des Englisch unterrichtenden James (der sich zum Giacomo südwärts ironisierte) zu seiner Schülerin Amalia (»... duftlose Blume ... sanftes Wesen«). Eine Hinterlassenschaft aus Epiphanien, Warnzeichen, die das Bewusstsein erhellten, Subtilisierungen: »Dies Herz ist wund und weh. Aus Liebesgründen verstimmt.«

Aber das sprödere, lakonischere Englisch zeigt wieder dem zungenschweren Deutschen gegenüber seine besseren Chancen beim Aussparen und Andeuten: »*A touch, a touch* ...« – wie viel sagt das. »Berühren, berühren«, übersetzt Klaus Reichert – »anfassen« wäre mir, aus Vorsichtsgründen, lieber gewesen. Joyce kann seine Minimum-Vermerke mitten im Schwebezustand beschweren: »*Do not die!*« Oder die Federgewichtigkeit zurückbringen in einen Moment der Trauer, mit dem scheinbaren, in Wahrheit triftigen Ulk-Flehen: »*Envoy: Love me, love my umbrella!*«

Schmerzliches Fazit: »Das junge Leben hat ein End: das Ende ist da. Es kann nie sein. Du weißt das wohl. Was also? Schreib's auf, verdammt, du, schreib's auf! Wozu taugst du denn sonst?«

Damit bin ich zurückgekommen, bin beim Anfang mit Kierkegaard: »Diese Wahrheit ist es, die der Einbildung der Poesie und der Frau zugrunde liegt.« Traurige, traurigste Wahrheit.

Damit es aber hier nicht nur traurig zugeht, durchblättere ich, was Carl Brinitzer an Äußerungen berühmter Leute übers Essen gesammelt hat. So beobachtete Plautus, was jeder heute noch in jedem Restaurant beobachten kann: »Niemand wirkt so komisch wie jemand, der Hunger hat.« Ich erfahre, dass ein Mann mit 60 drei Jahre seines Lebens mit Essen zugebracht hat und dass sich bei Nietzsche der Hunger oft erst nach der Mahlzeit einstellte, sicher vornehmlich nach Mahlzeiten aus der deutschen Küche: »… was hat sie nicht alles auf dem Gewissen … ausgekochte Fleische, fett und mehlig gemachte Gemüse; die Entartung der Mehlspeise zum Briefbeschwerer … gerade viehische Nachgussbedürfnisse – so versteht man die Herkunft des deutschen Geistes – aus betrübten Eingeweiden – der deutsche Geist ist eine Indigestion, er wird mit nichts fertig.« Was nun doch wieder nicht sehr fröhlich stimmt. Für meine letzten Worte hier leihe ich mir die vorletzten von Maxim Gorki: »Die Gegenstände werden schwer. Die Bücher. Der Bleistift. Das Glas. Alles scheint immer kleiner zu werden.« Aber mein Schreibtisch und die Wand ihm gegenüber – die sind viel dichter besiedelt, als es jetzt erscheinen könnte. Und ich räume nicht auf und ich pinne nicht ab und ich reiße nicht herunter.

Herr, ich glaube, hilf meinem Unglauben

Ende Oktober. Die immer später aus der Nacht heraustretenden Herbsttage und ihre ermüdete Helligkeit bis zur frühen Rückkehr in die Nacht habe ich gern und ihren schlichtenden Einfluss wie den Rahmen um unsere kleine Szenerie gespürt: hier mein Mann und ich als Kaffeegastgeber, dort im amerikanischen breiten Ledersessel schmal der ehemalige Ratsvorsitzende der Evangelischen Kirche in Deutschland, und seine leisen, beeindruckenden Sätze verstärkten die Einwirkung des sinkenden Tags. Diese Rückkehr des kleinen Tags in die Nacht, die einer Heimkehr gleichkommt, als sei das Licht nur ein Versuch, vorzustoßen in die Finsternis des zum Glück noch immer keinem Menschen zu Ende erklärten Universums, illustrierte unsere Unterhaltung (» ... und ob ich auch wanderte im finstern Tal, fürchte ich kein Unglück ...«), ich empfand uns wie von vielen Bibel-Lieblingsstellen verwöhnt, obwohl wir keine zitiert haben.

Warum beruhigt mich der dem Menschenverstand unzugängliche Kosmos? Als Bild für das gleiche Verstandesversagen vor dem Glauben? »Der Mensch und sein Universum, sein noch so lebendig angeschautes und gefühltes Universum, ein Rätsel, eine Frage, nichts sonst ...«: Daran hat sich seit Karl Barths zurechtweisender Prosa nichts geändert. »Die Auflösung des Rätsels aber, die Antwort auf die Frage, das Ende der Existenznot ist das schlechthin neue Geschehen, dass das Unmögliche *selbst* das Mögliche wird ... Ein *neues* Geschehen, zu dem *kein* Weg führt.«

Und es ist mir recht, es ist hart, und doch zugleich schon Trost, wie auch Luthers »überwundene Welt«, Christi Zusicherung: »... aber seid getrost, ich habe die Welt überwunden.« In unserer Lebenszeit müssen wir bei der sachlichen Feststellung haltmachen: »In der Welt habt ihr Angst.« Sogar diese auf den ersten Blick entmutigende Diagnose ermutigt, indem sie die Angst als angemessene Reaktion auf die Welt erlaubt. In unserer glücksgierigen Ära meinen die Theologen von der mehr diplompsychologenartigen Sorte, angstfrei zu leben wäre möglich. Von Angstüberwindung allein durch den Glauben wird da nicht gesprochen. Zudem wäre es eine Täuschung, der Glaube verdingliche sich als eine Garantie für immer. Der Glaube ist kein Besitz, einmal erworben, dann jederzeit verfügbar. Luther wusste es: »Herr, ich glaube, hilf meinem Unglauben.« Sein fundamentales Gebet ermöglicht überhaupt erst alle anderen Gebete. Luther, fern jeder intellektuellen Lauheit, verwaschener Pseudotröstung, wirkt gerade mit seiner Energie und Ehrlichkeit tröstend. Für ihn ist der Glaube »ein solcher Mut des Herzens, dass man sich zu Gott allen Guts versieht«. Und wenn bei Kant der Glaube ein »Bedürfnis der Vernunft« einlöst, wenn also Mut und Vernunft für den Glauben zuständig sind, befinde ich mich da nicht in bester Gesellschaft und keineswegs in einem sumpfig-dumpf anschwärmenden Nebeldunst?

Der Glaube, von dem wir am kleinen Herbsttag nicht gesprochen haben, ist gleichwohl aus dieser Kulisse nicht herauszudenken und unser Kontext gewesen. Seine Nivellierung im modischen Synkretismus ärgert mich: Werden einige evangelische Pfarrer bald islamische, buddhistische und sonstwelche Glaubenslehren in die christliche mischen? Zur Abwechslung? Um beim nächsten Mal wieder diesseitige Probleme zu erörtern, von der Umwelt bis zur Kernkraft? Nehmen sie das »Wort Gottes als Aufgabe der Theologie« nicht ernst? Was allein die Kirche kann, darf und sollte, die reine Lehre zu verkünden, das einzige Amt der Kirche, im Sinn von »Herr, lehre doch mich, dass es ein Ende mit mir haben muss«? Solche Pfarrer verwechseln Kirchen mit Volkshochschulen, lassen sich ihr Privileg entgehen, als könnten sie der Poesie und der Ausdruckskraft der Testament-Texte nicht vertrauen, deren jenseitsgerichteter Gehalt die Phantasie anregt und auf das Ziel Sterben, Tod, aber auch Auferstehung hinlenkt. In einem aussöhnenden Sinn, denn solang wir leben, vergängliche Erdengäste, sind wir prinzipiell untröstlich, bedürfen Luthers »Mut des Herzens«, und mit ihm gestärkt für wenigstens einige plötzlich erhellte Augenblicke müsste der Kirchgänger den Gottesdienst verlassen.

In unserer kleinen Szenerie beim Kaffee habe zum Glück meistens nicht ich geredet, sondern dem Ratsvorsitzenden zugehört. Tertullian, für den der Tod eine Strafe Gottes war, zitierte ich anscheinend falsch: »Ich glaube, weil es unmöglich ist.« »… weil es absurd ist«, korrigierte der Ratsvorsitzende sanft und legte sein Gebäckstück auf seine zusammengefaltete Serviette.

Luthers »Versuchung zur Traurigkeit« hatte mich überrascht, denn so wenig wusste ich von ihm, dass ich ihn vor allem für einen stabilen, etwas bäuerlichen Frommen hielt, zu dem sein standhafter Text »Eine feste Burg ist unser Gott« passt, und natürlich imponierte mir sein Mammutwerk, die Bibelübersetzung, seine Unerschrockenheit im Widerstand gegen die herrschenden Verhältnisse; aber von seiner lebenslänglichen Angefochtenheit, auch der Todesfurcht, dem selbstquälerischen Gefühl des Versagens darin, vor Gott zu bestehen, wusste ich nichts und hätte doch drauf kommen müssen: »Herr, ich glaube, hilf meinem Unglauben!« Darin drückt sich ja das Gegenteil von handfester Ein-für-alle-Mal-Sicherheit aus.

Zu meinen Kompetenzzweifeln zitierte der Ratsvorsitzende Luther: »Jeder sein Priester.« Längst war ich von einer andachtartigen, aber nicht weichlichen Milde vereinnahmt. Der Spätnachmittag versickerte in die Dämmerung: Warum genieße ich die Augenblicke vor dem Abend, warum reiße ich gern Kalenderblätter ab – wieder eine Woche, ein Monat vorüber, und damit wieder eine kleine Portion von meiner Lebenszeit – und warum erwarte ich mit Ungeduld einen neuen Morgen? Diesen Genugtuungen kann doch, bei gleichzeitiger Unlust, meine Zeitration zu verkürzen, nicht Todessehnsucht einwohnen?

Alle mitbestimmenden Faktoren, Überzeugungskraft des Ratsvorsitzenden und unser Thema, dessen Basis der Glaube war, die Stimmung des ausschnitthaften Tags, genügten aber nicht. Den Herbst untermalte basso-continuo-artig eine Angst-Sorge-Mitleidsmischung für meine plötzlich kranke Schwester. Ohne Erklärung dafür, wie ihr damit geholfen wäre, wollte ich mich für sie anstrengen. Damals schrieb ich über sie und mich als vergnügte Alte, die Krankheit ist darin nur mehr eine Erinnerung.

Seit meine Schwester krank wurde, bekam ich Gebetsprobleme. Ausgerechnet meine Lieblingszeile »Dein Reich komme« konnte ich nicht mehr separiert vom Gedanken an sie mit der gewohnten Inständigkeit auffüllen, weil es mich erschreckte, den Sehnsuchtsstoff für sie mitzudenken. Vor der Vermessenheit, sie ins Verlangen nach dem Himmelreich einzubeziehen, schrak ich zurück unterm Eindruck, ich würde ihr Lust zu sterben verordnen – die hat sie nicht, ich auch nicht: »Dein Reich komme« – ja, aber noch nicht jetzt, nur prinzipiell ist der Wunsch. Meine Resignation vor dem bloß Kreatürlichen, das zwanghaft leben will, spannt mich in den Widerspruch: Ich will glauben, ich will an Karl Barths Vorhang glauben, der nach dem Tod erst richtig aufgeht; aber warum, wenn das so ist, bin ich nicht bereit zu sterben? Mir fällt Kierkegaards Sprung in die Freiheit ein, den Glauben als einzige Freiheit, und dass auch er mit diesem Sprung nicht endgültig am Ziel ist.

Frei nach Luther: Herr, ich springe, hilf meinem Stillstand. Ist nicht nur das Fleisch schwach, ist es auch der noch so willige Geist? Begierig aber bin ich willig im Sinn eines existenziellen Strebens, mein Hiersein zum Dortsein. Und doch gehe ich wie jedermann zum Arzt, gefesselt an die »bleibende Stadt«, die wir hier nicht haben. Ja, ich suche nach der »zukünftigen Stadt«, bloß – zukünftig soll sie schon noch eine Weile bleiben. Könnte ich doch jederzeit und nicht nur in blitzartig aufleuchtenden Augenblicken »Endlich endlich kommt einmal« aus Johann Christian Günthers »Trost-Aria« ganz in meine eigene Empfindung verwandeln! Doch auch für Kierkegaard ist der Tod das Unerklärliche, und Luther spricht von des »bitteren Todes Not«, muss um des »rechten Glaubens Trost« flehen.

Kardinäle haben für einen schwerkranken Papst gebetet, er solle am Leben bleiben. Nicht einmal der Papst wollte sterben! Der Frömmste will nicht sterben. Keiner mehr da, der wie der Apostel Paulus erklärt: »... ich habe Lust, abzuscheiden und bei Christo zu sein, was auch viel besser wäre ...« Erwarte ich zu viel? Besser gefällt mir, wenn Luther, dem Tod nah, krank und in seiner »bittern Not«, die Sorgen seiner Frau als »mangelndes Gottvertrauen« abtut. Auf das Problem mit dem Sterben, den unauflösbaren Konflikt zwischen dem Glauben an Gottes Zusage einerseits und der Angst vor dem Tod andererseits, auf diesen Widerspruch wird der Mensch immer wieder zurückgeworfen. Die Zusammengehörigkeit dürfte keine Antinomie sein: der Glaube und das Sterben. »Ich freue mich auf meinen Tod« aus Bachs Kreuzstab-Kantate singen wir nur mit, wenn es uns gut geht. Die Melancholie können junge Menschen besser genießen als ältere. Den will ich finden, der Ernst Blochs Neugier für sich beanspruchen kann: Warum haben wir nicht alle eines Tages genug gesehen und sind wie er »Verliebt ins Neue«?

Als ich dem Pfarrer, der meine Schwiegermutter beerdigt hatte, für seine Predigt dankte (er sprach nicht als Sozialpädagoge, Öko-Freak, sonstwas, unangepasst blieb er theologisch) und ihm meine Wahl des Bibel-Leitmotivs erläuterte, Hebräer 11,1, hat er mich freundlich belehrt, und längst profitiere ich von der richtigen Interpretation. »Es ist aber der Glaube eine gewisse Zuversicht des, dass man hofft, und ein Nichtzweifeln an dem, was man nicht sieht.« Für mich war die *gewisse* Zuversicht geradezu ein ungewisses, Unsicherheit zulassendes Ingredienz; nun lernte ich, dass Johannes im wahren Wortsinn die Gewissheit gemeint hat, keine dialektisch hin- und herpendelnde Möglichkeitszuversicht.

Einfach hört es sich nur an, einfach aber ist es zuallerletzt. Atheisten, besonders die fröhlichen, verströmen eine fantasielose Öde, als spüre man, dass sie den naheliegenden Weg gegangen sind: Es ist viel leichter, nicht zu glauben. Wie das Glauben gehört die Zuversicht zum Kompliziertesten. Wir müssen alles über Bord werfen, was wir auf der weltlich-irdischen Seite unserer Existenz benutzen. In den Korintherbriefen und dem Römerbrief des Paulus ist der Glaube die Kardinaltugend schlechthin. In dieser Hinsicht möchte ich tugendhaft sein, mir zuliebe, denn Gott wäre es egal. Oft aber muss ich mich damit begnügen zu hoffen, mein Wollen wäre schon der Ausdruck des Glaubens. Oder wenigstens die radikale Abfuhr, die ich dem Unglauben erteile. Ich will nicht *nicht* glauben.

Kant weist die Unzulänglichkeit des metaphysischen Erkennens nach: »Der Glaube ist ein Fürwahrhalten aus einem Grunde, der zwar objektiv unzureichend, aber subjektiv zureichend ist.« Entkam darum Kant der Angst vorm Sterben? Ich glaube – gleichzeitig ängstigt mich der Tod: Suche ich in meinem Gegensatzpaar verkehrt-menschenvernünftig nach dem Gebrauchswert des Glaubens? Nach seiner Nutzanwendung für das Sterben, das Sterben anderer, mein eigenes? Entspricht so ein Glaube auf Gewinnsuche Kants Glauben als einem »Bedürfnis der Vernunft«? Oder ist er eigennützig? Doch warum sollte der Glaube mir nicht nützen?

Menschen können uns helfen, retten können sie uns nicht, die vielen kleinen Rettungen, die wir im Lauf unserer Biografien brauchen, kann nur Gott bewerkstelligen, so interpretiere ich einen Gedanken von Karl Barth, dessen Nähe zu Luther in Barths Theologie-Definition als einer »ständigen Pilgerschaft« und in »gebrochenem Denken« entdeckt wird. Später ging für Karl Barth Luther zu weit, etwa mit der These, der Mensch erschaffe Gott.

Obwohl kein Weg zu Gott führt, zum »neuen Geschehen«, und er unsere Gebete nicht hört und keine Antworten gibt, rettet es uns, an ihn zu glauben, und ob das Beten absurd ist oder nicht, es entlastet uns; vielleicht sollten wir zu unserem Glauben beten, diesem Bindeglied zum Himmel. Dass Gott nicht für unser irdisches Leben verantwortlich ist, zum Glück nicht ist, schließt jegliche Menschenähnlichkeit aus. Keine einzige Variante im Fundus des Menschenwahnsinns ist ihm vorzuwerfen (dann ist ihm aber wohl auch für nichts Irdisches zu danken, obwohl wir es doch so unwillkürlich tun wie das Bitten) – jedoch dankte Kierkegaard Gott sogar für gut funktionierende Verdauung, ausgerechnet Kierkegaard, der dänische Lutheraner, von dem ich das Unsinnige der Fürbitte gelernt habe! Gottes Zuständigkeit beginnt mit unserem Sterben, denke ich und finde gerade darin Trost. Erst nach dem Tod werden wir ihn erkennen: »Jetzt sehen wir durch einen Spiegel in einem dunklen Wort, dann aber von Angesicht zu Angesicht; jetzt erkenne ich's stückweise, dann aber werde ich erkennen, wie ich erkannt bin.« Wenn das den Tod nicht verlockend macht! Gibt es eine interessantere Verheißung? »Verliebt ins Neue«, hieß es bei Bloch.

Im Neuen Testament machen wir doch durch Christus vermittelt endlich nach allen Heimsuchungen im Alten Testament die Erfahrung der »Frohen Botschaft«: »Kommet wieder, Menschenkinder.« Zärtlich-väterlich kann die Luther-Prosa auch sein. Wir werden die »himmlischen Vorhöfe« erblicken, in Jesu Christi Vaters »Haus sind viele Wohnungen«, einzige Bedingung: Wir müssen es glauben. »Wer an mich glaubt, wird leben, und ob er gleich stürbe.« Und das johanneische Wort vom alleinigen Weg zu Gott durch den Glauben an Seinen Sohn birgt wieder genauso viel bloß scheinbare Einfachheit: komplizierte Realisierung.

»Herr, ich glaube, hilf meinem Unglauben.« Wenn auch gerade noch getröstet, sind wir bald wieder kläglich, und die Versuchung, lieber wieder unserem Verstand zu vertrauen, mit dem wir doch dauernd an Grenzen stoßen (wissen wir das denn plötzlich nicht mehr?), sie macht uns unsicher. Uns ist wirklich, abgewandelter Kleist, »auf Erden nicht zu helfen«! Trotzdem hilft mir die Zeile: »Der Friede Gottes, welcher höher ist denn alle Vernunft, bewahre eure Herzen und Sinne …« Und: »Eure Lindigkeit lasset kund sein allen Menschen. Der Herr ist nahe. Sorget nichts, sondern in allen Dingen lasset eure Bitten im Gebet und Flehen in Danksagung vor Gott kund sein.« Das sind zugleich Stimulantia und Sedativa, dem Widerstreben des eingeengten Menschenverstands indiziert. Kierkegaard erlebte den Augenblick unbeschreiblicher Freude unbekannter Herkunft beim Ausruf des Apostels: »Freuet euch in dem Herrn, und abermals sage ich: Freuet euch!« Es handelte sich gewiss auch nicht um eine Freude für immer, auf die Wiederholung ist kein Verlass, die Freude so wenig Besitz wie der Glaube. Aber hat man sie wenigstens einmal empfunden, bleibt sie Besitz der Erinnerung.

»Es gibt keinen menschlichen Weg zu Gott.« Der Theologie-Professor in Updikes Roman »Das Gottesprogramm« hält dem naiv-penetranten Studenten Vale Karl Barths Strenge entgegen. Die Überzeugung des Studenten, er könne die Existenz Gottes mit dem Computer nachweisen, peinigt ihn als Geduldsprobe. Ein entdeckter, erklärter Gott erschiene ihm (mir auch) bloß als auf zwar großes, aber doch menschliches Talent eines Nobelpreisträgers reduziert, und die Schöpfung hätte er auch besser hinkriegen können. Ein enttäuschender Gott. Vale wirft dem Professor vor: »Ihr Gott ist ein netter, ungefährlicher, unauffindbarer Gott.« Genau so stelle aber ich mir seit meiner Kindheit Gott, den ich als *lieben* Gott kennengelernt habe, sehr gern vor. »Ich glaube, weil mein Vater es mir gesagt hat«, heißt es wunderbar vereinfacht bei Kierkegaard, und die Art, wie mein Vater es eigentlich nicht gesagt, sondern eher durch Konkretes und sein Wesen ausgedrückt hat, bleibt wirksam. Was aber weiß ich über die »gewisse Zuversicht« meines Vaters im Blick aufs Sterben?

Ich erinnere mich: Ich hole ihn beim Arzt ab, wie gewohnt wollen wir jetzt in ein Café gehen, er weiß nicht, dass ich ihn schon sehe: er oben auf der Treppe, ich stehe unten. Er sieht bekümmert aus. Er geht langsam. Die Prognose für sein Herz war nicht gut, begreife ich, ich rege mich auf, er erkennt mich und lächelt sofort mit mir und geht schneller. Todessehnsucht hatte er keine, und ich für ihn erst recht nicht. Am wenigsten gern von allen kirchlichen Ämtern hatte mein Vater Beerdigungen. Er war kein Gemeindepfarrer, aber beim Tod von Freunden baten Angehörige ihn um diesen Dienst.

In einer Manteltasche trage ich ein zerknittertes Kalenderblatt mit mir herum, auf der Rückseite in der Handschrift meines Vaters seine Anhaltspunkte und hinter dem Namen einer Toten ein Kreuz: »I. ›Der Apfel fällt, gereift, in seines Gärtners Hand – / So kehrt in Gott ein Geist zurück, der seine Ruhe fand.‹ Friedrich Rückert. II. ›Die Linien des Lebens sind verschieden, / Wie Wege sind und wie der Berge Grenzen. / Was wir hier sind, kann dort ein Gott ergänzen / Mit Harmonie und ewigem Lohn und Frieden.‹ Friedrich Hölderlin. III. ›Ich bin gewiss, dass dieser Zeit Leiden / Der Herrlichkeit nicht wert sei / Die an uns soll offenbart werden.‹ Paulus.«

Mein Vater hat, auch bei Vorträgen, beinah nie ein Manuskript gehabt, und nur das Vaterunser legte er zur Sicherheit vor sich: Was man so gut kennt, darauf kann man sich am wenigsten verlassen. Und lieber als Trauungen waren ihm Taufen. Ich vermute, er war zu skeptisch für die naive Freude über Heiratspärchen. Als ich ein Kind war, stellte ich mir unter dem lieben Gott jemand meinem Vater Ähnlichen vor, einen, der alles vergibt. Der im richtigen Moment da ist und tröstet. Menschen haben mit dem Vergeben schon bei Bagatellen Probleme, erwarten aber von Gott, dass er ihnen den Schuldballast eines ganzen Lebens erlässt. Als junger Mönch von unbarmherziger Klosterstrenge bezwungen, musste Luther sich bis zum umstürzlerischen Turmerlebnis vor seinen nur so genannten Sünden und einem ungnädigen, furchterregenden Gott ängstigen. Entspricht nicht sein Zwangsbeichten, als er noch unter den »Versuchungen zur Traurigkeit« litt und nach eben vollzogener Beichte den ersten besten Mönch, dem er begegnete, am Ärmel packte, um erneut zu beichten, außer der Angst vor seinen nichtigen Sünden auch der vor dem Tod und könnte sie mich nicht trösten?

In Wechselbeziehung zu Pascals verzweifeltem Seufzer: »Aber ich erkenne, mein Gott, dass mein Herz so verhärtet ist und so erfüllt von Gedanken, Sorgen, Unruhen und Anhänglichkeit an die Welt, dass weder Krankheit noch Gesundheit, weder Gespräche noch Bücher, noch deine heiligen Schriften, noch dein Evangelium, noch deine heiligsten Geheimnisse, noch Almosen, noch Fasten, noch Abtötungen, noch Wunder, noch der Gebrauch der Sakramente, noch das Opfer deines Leibes, noch alle meine eigenen Anstrengungen, noch die aller Menschen zusammen auch nur das Geringste zu meiner Bekehrung vermögen, wenn du nicht alles mit einem ganz außergewöhnlichen Beistand deiner Gnade begleitest.« Und findet in Luthers Sündenangst nicht auch Kierkegaards »Verzweiflung, ein Selbst sein zu wollen«, in seiner »Krankheit zum Tode« (die heute vordergründig missverstanden verbraucht wird, von der Theaterkritik bis zum Leitartikel) ihr Synonym?

Warum, wenn ich doch nicht sterben will, bin ich beim Abreißen der Kalender nicht deprimiert? »Woher diese Ungeduld?«, fragt sich in Brechts Gedicht »Radwechsel« der Wartende mit der Reifenpanne. Die Slumbewohner wollen nicht sterben, die Obdachlosen nicht, nicht die Todkranken. So gut gefällt es uns doch gar nicht im Leben, nicht immer, doch der Alternative können wir nicht trauen. Ohne Verständigung mit Gott klebt man wie ein Idiot am Leben, höre ich. Und: Bei der Betrachtung des Gekreuzigten sollen wir nicht denken: Lieber Mensch, ich muss dir nacheifern. Sondern: Dorthin, wo er hängt, gehöre eigentlich ich. Denn ich lasse mich auf die Liebe Gottes nicht vollkommen ein.

Ich habe doch so viel Material gesammelt, das für den Tod und gegen das Leben spricht! Von lästigen Trivialitäten bis zu großen Bekümmernissen: Was nicht alles werden wir los sein! Vor allem aber: Endlich werden wir die Todesangst los sein! Aber selbst Suizidanten versuchen wir zu überzeugen, ihr angeschlagenes Leben wäre dem Tod vorzuziehen. Unseren geliebten Patienten schärfen wir ein, ich auch: Sei optimistisch, das wird schon wieder, und wir rühmen die Fortschritte in der Medizin. Stets wenden wir die Empfindungsbegriffe Zuversicht, Hoffnung, Nichtzweifeln an, auch ich, aber nicht auf Luthers »Mut des Herzens«, den Hebräer 11,1 meint, nicht also leider auf den Glauben; unsere Zuversicht richtet sich aufs Überlebenwollen, die Hoffnung auf eine Therapie, und mein »damit jemand bloß nicht stirbt, nicht vor mir« empfinde ich tief aufrichtig als angemessen.

Immerhin empfinde ich das Querliegen zum Glauben mit, wenn ich meine eigene Vergänglichkeit bedenke. Beim Sterben anderer nicht. »*Do not die!*«, fleht James Joyce in der überzeugendsten Liebeserklärung. Joyce stellte aber auch fest: »Man lebt und weiß den Tod. Alles andere ist Beschäftigungstherapie.« »*Totaliter aliter!*«, hält Karl Barth dagegen, und Kierkegaard, bei dem mir der Glaube an manchen Stellen wie etwas Vergnügliches, die Liebe zu Gott wie Verliebtheit vorkommt, versöhnt mich mit dem Tod, wenn er vom Herbst mehr hält als vom Frühjahr: »... weil man im Herbst auf den Himmel sieht, im Frühjahr aber auf die Erde.«

Doch wie ich, seit meine Schwester krank ist, bei »Dein Reich komme« steckenbleibe, so geht es mir auch mit den Sanftmut verströmenden Worten, die mein Vater zum Abschluss seiner Andachten sprach: »Der Herr segne euch und behüte euch, der Herr lasse sein Angesicht leuchten über euch und sei euch gnädig, der Herr erhebe sein Angesicht auf euch und gebe euch Frieden.« Wenn er seine Arme anhob, fand ich ihn mutig und erkannte in der Geste Überzeugungskraft. Das Gnädigsein gilt als Vorstufe für uns Lebende: Lass alles beim noch so unzulänglichen Alten. Die Steigerung aber, den Frieden, dauerhaft und nicht nur für Momente, den gewinnen wir erst nach dem Tod, so wie wir dann erst Gott erkennen können, am Ende der Existenznot: »Jetzt erkenne ich's stückweise, dann aber ...« Neuerdings halte ich vor dem Frieden ein.

Mir kann ich ihn wünschen, meiner Schwester aber nicht. Ihr kann ich nur »*Do not die!*« befehlen. »Es ist nur ein Schritt zwischen mir und dem Tode.« Dieser letzte und schwerste Schritt ist jedermanns eigene Angelegenheit zwischen sich und Gott, der mit unseren Erdendrangsalen nichts zu tun hat. Das weitverbreitete Wie-kann-Gott-das-zulassen-Gejammer geht ins Leere. Den »netten, ungefährlichen, unauffindbaren Gott« schütze ich vor dem menschenähnlichen Discount-Gott.

»Ich schütte mein Herz aus bei mir selber.« Der menschliche Weg zu Gott, den es nicht gibt, hat den Luther mit dem Abtun der »Werke« gemeint? Die nicht zählen, die den Menschen nicht rechtfertigen? Luthers Epiphanie im Turmzimmer verdanke ich mein Lieblingsgebet. In seinem Buß- und Beichtkampf, der ein Ringen um die richtige Beziehung zu Gott war, erhellte ihn eine Erkenntnis im Sinn des kierkegaardschen Augenblicks: Es geht nicht darum, vor Gott zu bestehen (keine Vergebung ohne Sünde), es ist allein der Glaube, durch den ein Mensch gerechtfertigt wird. Ziemlich schwierig, sich vom Gedanken zu verabschieden, man verdiene sich Gottes Applaus mit Werken, die ihm gefallen müssten.

Luthers Strenge gegenüber den »Werken« finde ich im Briefwechsel Barth/Bultmann wieder. Der Glaube ist das einzige Werk, das der ganzen Werkerei ein Ende macht. Werke, die unseren Wert steigern sollen und mit denen wir bei Gott Punkte machen wollen, haben nur weltlichen Wert. Gott ist kein Computer-Speicher. Bis zu ihm reichen diese Werke gar nicht. Der Weg der Demut als Werk, die tiefste Demütigung: auch nur menschliches Werk.

Das Attribut »menschlich« setzen wir bald sehr hoch ein, quasi als Gütesiegel, sagen: Das ist eine sehr menschliche Geste. Bald aber auch als uns selbst verzeihende Schwäche: Dies oder das war nur menschlich-allzumenschlich, das heißt verzeihlich, nicht viel wert. Den zur Nummer eins stilisierten Begriff »Menschlichkeit« müssten wir vom Sockel stürzen.

Der Ratsvorsitzende erwähnt Luthers befreiende Härte im Kirchenlied »Mitten wir im Leben sind / mit dem Tod umfangen.« Dass ich schlecht über »In der Welt habt ihr Angst« zum »Aber« und »Getrostsein« vorstoßen kann, legitimiert er mir: Der heutige Mensch will angstfrei leben, was absurd-vermessen ist, auch larmoyant und schließlich ungläubig. Luther demonstriert lebenslange Buße, die Abtötung des alten Menschen: Der muss »jeden Tag ersäuft« werden. Schlechte Angewohnheiten, gute Vorsätze meint Luther nicht, sondern die dem Glauben immanente Anerkennung seiner Endlichkeit. Mit der Taufe, Römer 6, sind wir in den Tod hineingesetzt, werden ins Christusgeschehen hineingetauft, und im Sterben sind unsere Sünden durch Christus vergeben. Und wieder Römer 6: »… so werden wir auch auferstehen.« Luther lehrt, mit dem Sterben vor dem Sterben zu leben. Mir fällt ein Satz ein, den ich vor mehr als zwanzig Jahren schrieb: »Ich sterbe, am Leben, immer weiter.« Wäre er nicht als düstere Todessehnsucht so oft – missverstanden – zitiert worden, dann würde ich mich nicht mehr an ihn erinnern. Für meinen Gewährsmann drückt er keineswegs Nekrophilie aus, vielmehr ist er sogar ein Luther-Splitter.

Es klingt nicht nach Trost, ist aber Trost: Ich lasse meine Werke hinter mir. Ich brauche sie nicht mehr. Der Abschied bringt Freiheit, macht unabhängig von dem, was man ist (zu sein glaubt durch diese Werke). Luther verdammt nicht das Tun (Adorno sagt: »Das Denken ist ein Tun.«), aber das Herunterzwingen Gottes zur Schiedsrichter-Instanz. Wem der Glaube in Christi Werk aufleuchtet, sagt der Ratsvorsitzende, der findet alles, was Gott für ihn getan hat; alles andere kann ich verschenken, ich bin frei. Diese Einsicht verhält sich konträr zum heutigen Leistungsdruck, der sich bis auf den Vergnügungssektor erstreckt. Schluss mit der Suche nach dem Weg zu Gott, Gott hat den Weg zum Menschen gefunden.

Vorbehalte hat mein Gast gegen den Begriff »Trost«. Trost hat mehrere Konnotationen. Was wir falsch machen, ist der Umgang mit unserer Vergänglichkeit. Wir müssen bejahen, dass wir endlich sind. Ich denke an das Sterben im Voraus, die tägliche Übung: Wem Luthers Forderung zu unerbittlich ist, der sucht im Trost nicht Wahrheit, der will auf andere Gedanken gebracht werden. Der Glaube ist keine Sache des Wählens. Aber die kreatürlichen Todesschrecken verurteilt mein Gast nicht. – Auf die Frage »Wie möchten Sie sterben?« habe ich vor Jahren im Proust-Fragebogen der »FAZ« »Durch einen Blitzschlag zusammen mit meiner Familie« geantwortet, leider, sage ich, denn Kierkegaards Wunsch nach langer Dauer des Sterbens für die angemessene Vorbereitung der letzten Reise imponiert mir, und für den Tod anderer brauche ich auch seine Hilfe: »Es gehört sittlicher Mut dazu zu trauern; es gehört religiöser Mut dazu, froh zu sein.« Grimmigzufrieden weiß mein Freund: Praktizieren konnte er seine Theorie aber nicht. Ich frage nach den unwillkürlichen Gebeten: menschlichen Gehversuchen zu Gott, oder? Gut, genehmigt. Aber menschliche Versuche absolut zu setzen als Wege zu Gott heißt nun einmal, verloren zu sein. Sie weicht nicht, soll auch nicht, die Sehnsucht nach der Erfahrung einer höheren, größeren Wirklichkeit, doch alle unsere Wege sind Antwortwege, Reaktionen.

Lang vor meinem Gespräch mit dem Ratsvorsitzenden, mit Luther allein, habe ich mir das schon genau so gedacht: Trost ist ohne den Glauben nicht zu bekommen. Luthers letzte Aufzeichnung kann als Bestätigung und zugleich wie ein Extrakt seines Lebenswerkes gelesen werden: »Die Heilige Schrift meine niemand genug gelesen zu haben, er habe denn hundert Jahre mit Propheten wie Elias und Elisa, Johannes dem Täufer, Christus und den Aposteln die Gemeinden regiert ... Neige dich tief anbetend vor ihren Spuren! *Wir sind Bettler!* Das ist wahr.«

Nach Jahrzehnten voll Menschenselbstherrlichkeit und fortschreitender Geistesferne, der Unbescheidenheit und Fluchtvarianten in Ersatzlehren, auch der Medienverblödungen, liest diese letzte Botschaft sich streng und sanft zugleich, konzentriert auf das Einzige, das aus der kosmischen Heimatlosigkeit rettet: Der Glaube an Gott ist der Trost des Bettlers.

Mein neues Problem mit der Zeile »Dein Reich komme« hatte mein Experte gelöst, ich wurde es los. Es war schön, auf diese Weise war schon lang nichts mehr so schön wie Zuhören, sage ich beim Abschied zu ihm. Und in der Nacht: Schwesterchen, zwar zählt nicht, dass ich mich für dich angestrengt habe, es sind bloß Werke, aber ich darf alles wieder für dich mitbeten. Er hat es mir erlaubt.

Auf dieser Seite des Todes

Abendlied

Abermal ein Teil vom Jahre,
Abermal ein Tag vollbracht;
Abermal ein Brett zur Bahre
Und ein Schritt zur Gruft gemacht.
Also nähert sich die Zeit
Nach und nach der Ewigkeit,
Also müssen wir auf Erden
Zu dem Tode reifer werden.

Herr und Schöpfer aller Dinge,
Der du mir den Tag verliehn,
Höre, was ich tränend singe,
Lass mich würdig niederknien:
Nimm das Abendopfer hin,
Das ich heute schuldig bin;
Denn es sind nicht schlechte Sünden,
Welche mich dazu verbinden.

Treuer Vater, deine Güte
Heißet überschwenglich groß,
Drum erquicke mein Gemüte,
Sprich mich ledig, frei und los.
Gib der Buße stets Gehör,
Denn dein Knecht verspricht nunmehr,
Dein Gesetze, deinen Willen
Nach Vermögen zu erfüllen.

Das Verdienst der vielen Wunden,
Die mein Heiland scharf gefühlt,

Hat in seinen Todesstunden
Deine Zornglut abgekühlt.
Schweig, wenn dieses Lösegeld
Meiner Schuld die Waage hält,
Und beschicke mich im Schlafe
Durch kein Aufbot deiner Strafe.

Lass mich an der Brust erwärmen,
Die am Kreuze nackend hing;
Wiege mich in dessen Armen,
Der den Schächer noch umfing;
Stelle mir der Engel Chor
Als die beste Schildwacht vor!
Satan möchte sonst ein Schröcken
In der Finsternüs erwecken.

Schütze den, der meiner Liebe
An das Herz gebunden ist,
Dass kein Fall sein Ohr betrübe,
Das vielleicht den Seiger misst.
Stärk ihm den betrübten Geist,
Wenn er bitter Salsen speist,
Und lass noch in diesem Leben
Uns einander wiedergeben.

Trag das Alter meiner Eltern
Auf den Flügeln deiner Hut,
Tritt vor sie die Schwachheitskeltern;
Mehre derer Hab und Gut,
Die mir jemals Guts getan;
Nimm dich meiner Freundschaft an
Und verzeih den Lästerungen,
Über die ich oft gesprungen.

Segne die gerechten Waffen
Deiner werten Christenheit
Uns den Frieden herzuschaffen,
Den der Feind zu stehlen dräut;
Halt den Schatten rechter Hand
Über unser Vaterland,
Dass die drei berühmten Plagen
Weder Vieh noch Völker schlagen.

Gute Nacht, ihr eitlen Sorgen;
Ich begehre meiner Ruh.
Jesus schließet bis auf morgen
Auge, Tür und Kammer zu.
Sanftes Lager, sei gegrüßt,
Weil du dessen Vorbild bist,
Das ich dermaleinst im Grabe
Sicher zu gewarten habe.

Johann Christian Günther

Vierundzwanzig Zeilen seiner *Trost-Aria* beginnt Johann Christian Günther mit dem Stoßseufzerwort »endlich« beim Bedenken der Vergänglichkeit, und er zählt auf, womit es einmal aus und vorbei sein wird. Sehnsucht ausatmendes »endlich«! Wie eine Vorstufe zu dieser Erleichterung, die den Tod vorwegnimmt, lese ich das Gedicht »Abendlied«, dessen erste drei Zeilen das Adverb »abermal« einleiten. In »abermal« drückt sich, ganz anders als im siegreichen »endlich«, doch ebenfalls seufzerhaft die ermüdende Monotonie der täglichen Wiederholung aus. »Das Leben ist kurz, aber der Tag ist lang.« Gemessen an Goethes paradoxer Diagnose beruhigt plötzlich Günthers »abermal«. Denn »am Abend« ist, im kurzen Leben, ein langer Tag »vollbracht«. Gar nicht triumphal, eher unauffällig lockt in der sechsten Zeile als Lohn der Ausdauer die Ewigkeit. Trost liegt hier ausschließlich in der unbezweifelten Gewissheit.

Aber bis dorthin geht der Dichter einen düsteren Gedankenweg. In jedem gewöhnlichen Augenblick, den wir überlebt haben, erkennt er einzig das Vorrücken auf den Tod. Wenn das so ist – »ein Teil vom Jahre vorbei«: meine Lebenszeit hat sich verkürzt –, wie kommt es, dass ich aufatme? Endlich Abend! Wenn das so ist – »abermal ein Brett zur Bahre« –, warum besänftigt mich die einsetzende Dämmerung? Ich habe einen »Schritt zur Gruft« gemacht, und unbekümmert schließe ich die Jalousien, lasse, mehr »endlich« als »abermal«, die Rollläden herunter. Sperre die Haustür zu und finde das behaglich, obwohl ich etwas kürzer noch zu leben habe als am Morgen desselben Tages? Wünsche ich mir denn unbewusst, »nach und nach der Ewigkeit« näherzukommen? Das »Abermal«-Gefühl, am Morgen ein fast gottloser Dank dafür, immer noch auf dieser Seite des Todes zu sein, wird im Tagesverlauf bedrückend selbst für die Frommen: die mittags sehr depressiven Zisterzienser-Mönche! Sobald uns das Talent verlässt, unser tägliches Tun wichtig und hochinteressant zu finden, stöhnen wir unter dem »abermal«. Sogar nach einem geglückten Tag ist der Abend willkommen. Lasse ich mich jedoch überhaupt bei solcher Wohltatsempfindung auf Günthers gelassene Ernsthaftigkeit ein? Etwa indem ich es wie er dem Paulus gleichtue und »bedenke, dass ich davonmuss, auf dass ich klug werde«?

Was antworten Menschen auf die Frage: Wie möchten Sie sterben? Sie sagen »lieber nie« oder »wenn es überhaupt sein muss: im Schlaf«. Nicht erfreuliche Lebenslust offenbart sich hier, sondern unerfreuliche Todesangst. »Zum Tode reifer« zu werden, Günthers Programm, hat keiner, der so antwortet, geübt. Neulich empfahl eine unternehmungslustige Frau einer nicht unternehmungslustigen Frau, was wir Menschen brauchten, sei mehr Vertrauen zum Leben. Dringend brauchen wir mehr Vertrauen zum Tod. Unser Leben ist ein Davonlaufen vor seinem Ende, gekrallt an Ablenkungen. Der für unheilbar gehaltene Patient, 85, wird geheilt und freut sich sehr. Nicht einmal Päpste wollen sterben! Kardinalsgebete flehen um ihr Leben!

Das Leben ist eine Beschäftigungstherapie. Günther wusste das auch, und gerade deshalb riet er zu einer strengen, nicht unfreundlichen Heilmethode. Ich höre keine erhobene Stimme, ich sehe keinen drohenden Zeigefinger vor mir. Geduldig lehrt das Gedicht, was wir »auf Erden« tun müssten, damit es unseren Seelen gelänge, sich wohlzubefinden.

Strophe für Strophe fügt der Dichter seinen Menschenschwachheiten die Ewigkeitssehnsucht an. Er erbittet von des »treuen Vaters Güte« die Lossprechung: »Sprich mich ledig, frei und los«; vergisst auch die alten Eltern nicht und sagt schließlich seinen »eitlen Sorgen« das definitive »Gute Nacht«. Kein Zweifel, er ist soweit, glaubenssüchtig entscheidet er: »Ich begehre meiner Ruh.«

Schuberts Winterreisender war enttäuscht, als der Raureif auf seinem Haar taute: »Hab wieder schwarze Haare ... wie weit noch bis zur Bahre.« Bach lässt seinen Gläubigen singen: »Ich freue mich auf meinen Tod.« Er ist schon am Ziel, zu dem Günthers Gedicht sich noch hinsehnt.

Freiheit nach dem Tod

Gott wird abwischen alle Tränen von ihren Augen,
und der Tod wird nicht mehr sein.

Offenbarung 21,4

Blättern in der Konkordanz ist Goldgräberei am idealen Fundort. Ich schreibe den Satz über die bildlich gemachte Freiheit nach dem Tod für meine Schwester ab. Noch hochgemut sehe ich schon voraus, dass ich ihn dann doch nicht unter ihr Kopfkissen schieben werde. Den Todesgewinn versprechende gute Nachrichten, die ich ihr in ihren Sterbemonaten lieferte, waren vorsichtshalber von Goethe, Lichtenberg, Pascal, und eines Tages ließ sie mir sogar diese Trost-Konnotationen zurückschicken. Aus Fürsorge (so war sie) für meinen Gebrauch, wenn dann irgendwann ich es wäre, die im doppelten Wortsinn dran glauben müsste?

Es ist wieder der Monat, in dem meine Schwester starb. Der Tod kam nicht plötzlich, ihr letztes Jahr, das fünfte nach der todankündigenden Diagnose, war Sterben zu Lebzeiten, Warten auf das Ende. In ihrem schönen Spitalzimmer mit Ausblick auf den Zürichsee und weidende Schweine musste meine Schwester wissen: Ich warte nur noch ab, mein Datum weiß ich nicht, vielleicht während der nette junge Pfleger mich mit Apfelbrei füttert, egal wann, es ist jetzt schon aus mit mir. Noch schlimmer: Sie musste wissen, dass alle um sie herum es auch wissen, dass jeder, der sie liebte, jeder Besuch, für den sie den *Walkman* mit Schubert-Quintett F-Dur oder Johannespassion von einer Schwester sich vom Cortison-blamierten Kopf stülpen ließ, auch wartete. Hat sie sich fast also schuldig gefühlt, als hörte sie ein »Mach's schneller!«? Unter solchem Seelendruck konnte sie gar nicht ausschließlich an sich selber denken, was doch wichtiger gewesen wäre. Als es ihr noch besser ging und wir, sie wollte das, unsere gemeinsamen glücklichen Kinderszenen wiederholten, versuchte ich, ihr das allem Übergeordnete zu hinterlassen: Vergewissere dich der Zuversichtlichkeit unserer Kindheit, erinnere dich an den sicheren Zufluchtsort Himmel mit liebem Gott und heiligem Personal, versuch es, die Kinderselbstverständlichkeit aus dem vertrauenerweckenden Familien-Klima zurückzuerobern.

Ein Notbehelf, aber ein schöner: Mitten im Hochsommer sangen wir Weihnachtslieder, zuerst etwas verlegen, dann vergnügt, über vergessene Texte lachend. Sie sagte: Bei Kontrolluntersuchungen in der M.R.T.-Röhre ging mir immer »Wer nur den lieben Gott lässt walten« im Kopf rum.

Warum macht mich das bis heute traurig, nicht froh, wie es zu meinem Wunsch nach Himmelsheimwehlust gepasst hätte? Nach dem Jenseits sollen sie sich sehnen, die Sterbenden, die wir lieben. (Damit wir es leichter haben?) Sehnsucht nach dem Jenseits gefällt uns, solang es uns gut geht, gut genug für genießerische Melancholie. Kaum aber beängstigt uns ein Symptom, da rennen wir zum Arzt. Töricht lebensversessen wie jedes Insekt, auf das ich Jagd mache, widerspricht dem Geist (er ist willig) unsere erbärmliche Kreatürlichkeit (unser Fleisch, es ist schwach).

Ich stelle mir vor, eine Freundin ist da, wir trinken Kaffee, reden über das vom unzulänglichen Verstand irritierte Dranglauben. Gegen Unruhe und Vertrauensdefizit wirkt der Bibelsatz, mit der kindlichen Tränenmetapher: Annullierung des Todes, als Sedativum, ich sage: Mir war also zu helfen. Ihr vielleicht auch, aber nur, wenn sie selber den Satz entdeckt hätte, und nicht als Kassiber von mir, von dem so etwas wie »Gib Ruhe, stirb doch!« ausginge. Verlange doch wie Paulus danach, »abzuscheiden, was auch das Beste wäre«! Ich käme mir vor wie jemand von Exit, der das zum Tod befreiende Medikament verabreicht. (Mit Freundinnen geht es leichter um Tod und Leben als mit einer Schwester.) Dass ich es gut meine, würde meine Schwester wissen. Doch mit den gemischten Gefühlen auf dem

Nebengleis. War es nicht schon zu viel suggestiver Abschied im Kierkegaard-Zitat: »Er nahm meine irdischen Wünsche, tauschte sie für mich um in himmlische Gaben und heiligen Trost.«?

Kann ich in jemandem, der stirbt und den ich liebe, Vorfreude auf den Tod wecken? Es ist unerlaubt, ist indiskret. Nur mir selber darf ich den Tod wünschen. Jeder für sich allein muss sich täglich bemühen, auf das unvorstellbar Schöne, auf die Freiheit von allen erdschweren Bagatellen, die Erlösung aus der Absurdität des Lebens begierig zu sein: dann endlich dort, jenseits der Todesschwelle. Wenn alle Tränen abgewischt sind … in die Kindheitserinnerungen hätte ich die sanfte Poesie der göttlichen Zusage vom Ende unserer leiblichen Angst einschmuggeln sollen, damals im Zimmer 203 mit dem Zürichsee-Blick! Erinnerst du dich noch an das Taschentuch unseres Vaters? Es war groß und weiß und hat nach Farina-Wasser gerochen, er brauchte es für unsere Tränen, weil jeder Kinderschmerz ihm wehtat. »… und der Tod wird nicht mehr sein«: Der Kummer war verflogen, nach dem Tod wird kein Tod mehr sein, denn nach dem Kummer war kein Kummer mehr. Der Vater konnte trösten, also geschah durch ihn und sein Taschentuch so etwas wie nach dem Tod. Schön, oder?

So ist die Lage

In der Welt habt ihr Angst; aber seid getrost,
ich habe die Welt überwunden.

Johannes 16,33

Vor der Therapie wird lapidar, nichts beschönigend, die unanfechtbar eindeutige Diagnose gestellt: Es steht schlecht um den Patienten Welt. In ihrer traurig-bitteren Wahrhaftigkeit empfinde ich sie als wohltuenden Kontrast zum Das-Leben-ist-wunderbar-Kommando, mit dem sich die *Fun*-Gesellschaft auf der Wohlstandsseite des Planeten ihr Oberflächlichkeits-Alibi verschafft. Und doch ist ja auch jeder pur irdisch orientierte, seinen persönlichen Lustgewinn fixierende und mehr oder weniger saturierte Bewohner der westlichen Hemisphäre seiner Kreatürlichkeit unterworfen: »Was lebt, muss sterben«, sagt Hamlets Mutter. Die Vergänglichkeit, das Todesprogramm beginnt mit der Geburt. Jeder stirbt, kann vorher vielleicht mitten im Spaßhaben lebensgefährlich krank werden, womit seine noch so angenehmen Existenzbedingungen wie ein Kartenhaus einstürzen; keiner wird ewig jung und blind glücklich und unbehindert bleiben, und niemandem bleibt die Todesfurcht erspart. Und deshalb gilt die Diagnose nicht nur für die von Geburt an zum Elend Verurteilten: »In der Welt habt ihr Angst« (oder solltet sie doch haben, denn das wäre intelligenter, ihr würdet ab und zu über eure bloße Kreatürlichkeit hinaus nachzudenken versuchen).

Fast brauchte ich den zweiten Teil nicht, die Therapie, die über die nicht wegzunarkotisierende Angst Frieden stiftend hinausweist. Denn therapeutisch wirkt auf mich schon die Wahrheit über uns ein und die Bestätigung an jeden Einzelnen: Ja, du hast recht mit deiner Angst in der Welt. Diese Beglaubigung: So ist die Lage. Aber auf die Zusicherung, ich könne getrost sein, die Angst-Welt sei zu überwinden, will ich, kann ich (Psalm 42,3: »Meine Seele dürstet nach dem lebendigen Gott«), Todesangst in Vorfreude umarbeitend, erlösungsbegierig für mich und alle, die ich liebe, doch überhaupt nicht verzichten.

Es ist aber der Glaube
eine gewisse Zuversicht
und ein Nichtzweifeln an dem,
das man nicht sieht

(nach Hebräer 11,13)

Jetzt müsste man nur noch glauben können, seufzt der säkularisierte, sich für einen aufgeklärten Verstandesmenschen haltende Leser, dem die hier vorausgesetzte »gewisse Zuversicht« fehlt, weil ihm auch das »Nichtzweifeln« misslingt. Den Sprung in die Freiheit, wie Kierkegaard den Glauben bildlich macht, verweigert sein Verstand. Wieder Kierkegaard, der theologische Philosoph, hält vom »irdischen Verstand« nicht genug, als dass er Gott gewachsen sei. Keine menschliche Klugheit, kein Scharfsinn kann die Tiefe der Weisheit Gottes ergründen, Gottes kompliziert geknüpfte Rätsel lösen. »Hast du dich niemals so unglücklich in der Welt gefühlt, dass du einsahst, wenn du auch alle Weisheit hättest ... so könntest du dich doch nicht aus deinen Lebensverwicklungen herauslösen ...?« Freude und Trost bewirkt die Einsicht unserer Vernunftsniederlage im Wettstreit mit Gott. Seligkeit beim Einwilligen: Ja, lieber Gott, es gibt eine Liebe, die allen Verstand übersteigt, ich bin geliebt. Auch Paulus war ein Gelehrter, und bis in unsere Ära der Wissenschaftsfortschritte glauben Forscher an den Grenzen setzenden Gott; schon deshalb wäre es dumm, über naiv Fromme zu lächeln. An Paulus' lapidare Diagnose des Glaubens sollten wir uns halten. Das gibt uns einen uneinholbaren Vorsprung in die Richtung Zukunft. Dem Ungläubigen macht sie Angst. Bedenken wir unsere Vergänglichkeit: Vor der Todesangst rettet uns allein der Glaube. »Menschen können einander helfen«, sagt der Theologe Karl Barth, »aber nur Gott kann uns retten.«

Vorfreude wie zu Lebzeiten auf Ferien sollte der Glaube über das unzulängliche Diesseits hinaus ans Jenseitige, und das heißt: an Gott erwecken. »Ich freue mich auf meinen Tod«, sollten wir mit Johann Sebastian Bachs Kantaten-Bariton singen wollen. Endlich Ernst machen mit der »Zuversicht« und dem »Nichtzweifeln« des Apostels Paulus: Das allein wäre Freiheit.

Unbeschreibliche Freude

In sein Tagebuch 1839 notierte Kierkegaard: »Es gehört sittlicher Mut dazu, zu trauern; es gehört religiöser Mut dazu, froh zu sein.« Und nach einem Absatz: »Es gibt eine *unbeschreibliche Freude*, die uns ebenso unerklärbar durchglüht, wie des Apostels Ausbruch unbegründet hervorbricht: ›Freuet euch, und abermals sage ich: Freuet euch.‹ – Nicht eine Freude über dieses und jenes, sondern der Seele vollgültiger Ausruf ... – ein himmlischer Kehrreim, der gleichsam plötzlich unseren üblichen Gesang abschneidet; eine Freude, die gleich einem Windhauch kühlt und erfrischt, ein Stoß des Passats, der vom Hain Mamre zu den ewigen Hütten weht. (Den 19. Mai, vormittags, 10 $^{1}/_{2}$ Uhr)«

Zuerst als überraschtes, vorbotenhaftes Einhalten beim Lesen, später als Erfahrung erlebte ich die »unbeschreibliche Freude« in mir selber, und auch »mitten im übrigen«, als »Gesang« zu euphemistisch apostrophiertem inneren Monolog. Hier war es, erinnere ich mich jedes Mal an der Initialkreuzung zwischen wildnishaftem Gebüsch links und rechts vom schmalen Weg, hier war es, vor vielleicht schon zehn Jahren, Frühsommer, gegen fünf am Nachmittag, der Himmel, wolkig, sah nach Regen aus, so wie er mir am liebsten ist. Plötzlich ein unangekündigtes Gefühl der Freude, Vorfreude in diesem unscheinbaren Ausschnitt Naturszenerie auf nichts genau Definiertes. Zwischen trüber Holunderblüte und Rhododendron und Unkrautpflanzen bin ich kurz stehen geblieben, verwundert, hätte gern länger ausgehalten, aber als wäre mir das (melodramatisch?) vor mir selber peinlich gewesen, lief ich schnell weiter. Goethes Diagnose »Das Leben ist kurz, aber der Tag ist lang« war mir auf einmal recht und nicht mehr von der Begleitmusik der Resignation untermalt. Heute wäre mir der Abend nicht lang genug, und dass das Leben kurz ist, würde mich nicht stören.

Diese »unbeschreibliche Freude«, dieser »himmlische Kehrreim«: Das kann ja nur ein Gnadensplitter des Glaubens mit einem Schnappschuss auf unsere nicht abbildbare, unvorstellbare, doch gewiss unvorstellbar ideale Zukunftserlösung jenseits des »kurzen Lebens« sein, der sie im Bewusstsein aufscheinen lässt. Und kann nicht von dieser Welt sein, in der es zum Trauern und zum Frohsein des Muts bedarf (wonach es also feige gottabtrünnig wäre, sich nicht zu freuen).

Beim Weitergehen habe ich aber das Freuen auf ganz banale Vorgänge bezogen, Abendessen, gibt's einen alten Hollywood-Film, die Stimme meiner Mutter am Telefon: Gute Nacht, mein Liebes. Auf Vergewisserungen: Geht es den Menschen, die ich liebe, gut? Wenn auch nur für die Dauer ihres *Ja, es geht mir gut* und bald, nachdem wir aufgelegt haben, etwas passiert sein kann? Alle diese wichtigen Diesseitsfreuden sind unzuverlässig, hinter jeder liegt die Vergänglichkeit auf der Lauer, und nur der »sittliche Mut« kommt mit ihnen zurecht. Entbehren kann ich nicht den »religiösen Mut«, ohne den es das Freuen nicht gibt.

Oft wollte ich die Epiphanie in der struppigen Kulisse unterm verhangenen, wie von Wolken mir näher gerückten Himmel wiederholen; vergebens, weil sie durch Absicht nicht herbeizuzwingen ist, jede Kopie versagt. Aber die Erinnerung an die Originalempfindung bleibt. Auf des Apostel Paulus' Freudenausbruch folgt im Zusammenhang mit der tröstlichen Anleitung zu unserem Sorgenmachen »Der Herr ist nahe«: Ich memoriere es jeden Abend. Und jeden Morgen, bevor ich mit dem Zusammenleben anfange: »Eure Lindigkeit lasset kund sein allen Menschen.« (Dazu fand ich später ein Forschungsergebnis der Psychologen, es hat mich nicht verblüfft und doch mit Aha-Effekt gefreut: »Bei guter Laune fällt das Denken leichter.«)

Übrigens: Ich bin nicht lebensmüde. Dem Sterben gegenüber so drückebergerisch wie jeder andere. Warum aber reiße ich so gern Kalenderblätter ab? Gälte doch die »unbeschreibliche Freude« dem Tod! Dem, was die »Frohe Botschaft« uns durch ihn verspricht! Eine Woche weiter, ein Monat vorbei – obwohl ich wie jede Kreatur leben will: Der Kalender läuft nicht rückwärts, gut so, neugierig erwarte ich das nächste Blatt, ungeduldig ruft es *schneller schneller* in mir, aber die Seite mit Kierkegaards 19. Mai 1839 schlage ich nicht mehr um. In meinem Blickfeld am Schreibtisch ist es bloß das Papier, das ausbleicht.

Tod und Ewigkeit

Wer im Frühjahr Kübel mit Oleander aus dem Keller in den Garten schafft und im Herbst die Kübel wieder in den Keller schleppt, der ist nicht lebensabgewandt, sagte ich. Man müsste das Spiel machen, wer wen am meisten liebt. Und zwar ginge das so: Immer am Tod gemessen, stellt sich heraus, wen man am meisten liebt.

Rupert sagte: Unsinn.

Nein. Es ist die Wahrheit. Die könnte ganz schön bitter sein. Es würde sich zeigen, dass jemanden lieben eigentlich auf jemanden brauchen hinausläuft.

Unsinn, wiederholte Rupert. Ich brauche den Filialleiter der Sparkasse, aber liebe ich ihn etwa deshalb? Schon gar nicht am meisten.

Louisa! Marie Rosa gab ihrer Schwester einen leichten Stoß. Bei uns wäre das Bertine.

Was wäre Bertine?, fragte meine Mutter.

Die wir am meisten lieben.

Meine Mutter war nicht bereit, das so zu sehen.

Wir brauchen sie am meisten. Marie Rosa sah mich an. Und bei dir wäre es Rupert.

Und bei Bertine: Witiko.

Hört auf damit, sagte Bertine.

Ich wäre wahnsinnig unglücklich über den Tod von Edith, von meiner Mutter, von ihren beiden Schwestern, von meinen Brüdern, von Ricardo, auch von Nelly und anderen Freundinnen und Freunden, dachte ich, aber für den Tagesbedarf brauchen, in jeder praktischen Einzelheit … das liefe wirklich auf Rupert hinaus. Bindungen und Lieben, alles Mist, sagte Bertine.

Der Tod, und dass das so ist, habe ich damals auf die Frage nach dem größten Unglück geantwortet.

Du wolltest uns doch erzählen, wie es in München mit Edith und Ricardo war, sagte meine Mutter.

Mach ich auch noch, versprach ich. Man müsste sich auf den Tod freuen wie andere Leute auf ihren Urlaub.

»Ich freu-eu-eu-eue-mi-i-ich auf mei-ei-nen Tod«, sang Marie Rosa. Ist das die Kantate ›Ich habe genug‹ oder die Kreuzstabkantate?

Sowohl als auch, sagte Bertine.

Am liebsten sähen wir doch den Tod als das größte Glück – aber dass das nicht so ist, nicht immer …

Als meine Mutter unvermittelt sachlich sagte, der Tod sei das größte Glück, brummte Rupert: Das hast du davon. Und ich musste an den lang zurückliegenden Besuch beim Nervenarzt denken, als ich dort meine Mutter sagen hörte: Aber ich will ja sterben.

Die Ewigkeit: etwas, das man gern hat und herbeiwünscht, sie müsste dauernd bevorstehen. Kurz vor dem Gewitter, kurz bevor der Vorhang aufgeht …

Wenn der Vorhang erst richtig aufgeht

Wenn Sigmund Freud Recht hat und der Kranke den Sinn des Lebens sucht, der Gesunde ihn selber herstellt, ist mir sein suchender Kranker eigentlich sympathischer als der (»von des Gedankens Blässe« nicht »angekränkelte«) selbst herstellende (selbstzufriedene?) Gesunde. Ich erkenne mich in beiden. Und suchend, also skeptisch-kritisch nachdenkend, bin auch ich mir lieber als die Selbstherstellerin, in deren Betätigungsjagd ich mich, negativ gesehen, bei Aktionismus, *Workaholism* erwischen könnte. Aber vor so viel »Gesundheit« schützt mich die »kranke« Ergänzung.

Wenn James Joyce Recht hat und »man lebt« und »den Tod weiß« und »alles andere Beschäftigungstherapie« ist, liefe meine »gesunde« Dynamik der Arbeit und der Vergnügungen auf einen öden Lebenssinn hinaus, auf Notbehelfsersatz, der mein »krankes« Suchen heilen will. Doch desselben Joyce' Echo bin ich, wie er den Tod wissend und das Leben realistisch-fatalistisch einschätzend, im Fall von großer Liebe beim Ausruf: *»Do not die!«* Und wehre mich gleichzeitig gegen eine so trostlose Lebensverklammerung, mit der, obwohl das Leben nicht das Nonplusultra ist, als das größte Unglück der Tod so lang es irgend geht verscheucht werden soll. Viel lieber käme ich so weit wie Paulus, der aufseufzt: »Ich habe große Lust, abzuscheiden, was auch das Beste wäre ...« (es folgt jedoch auch bei ihm ein »aber«, durch das er weiterlebt).

Weil meine Aktivitäten sich als Beschäftigungstherapie zu erkennen geben, bin ich dafür, dass auch Martin Luther Recht hat: Seine »Werke« rechtfertigen den Menschen vor Gott nicht. Was einzig zählt, ist der Glaube. Gut für mich, die Symptome beider Freud-Antipoden in mir zu vereinigen: Ich habe Glück.

Die »Gesunde« dämpft mit der »Beschäftigungstherapie«, durch die sie auch gegen Ennui abgesichert ist, ihre Berufsobsession, die »Kranke« sucht und lernt: »Herr, lehre mich bedenken, dass ich davonmuss«, befreundet sich mit dem Tod. Zwei einander ergänzende Asyle.

Als die diesseitig Orientierte zwinge ich mich für Menschen, die ich gefährlich höchstdosiert liebe, auf ein Maß hinunter, durch das ich eine gebrauchsfähige Annehmlichkeit werde, trotz oder wegen »Do-not-die«-Appell. Mein Alltag in der Doppelrolle sieht überhaupt nicht nach todesversessener Weltabgekehrtheit aus, im Gegenteil: Ich bin genussfähig, habe Vorlieben, kann Misshelligkeiten mit Ablenkungen austricksen. Das ist kein Lebenssinn, es ist Lebenserleichterung. Und steht in engem Zusammenhang mit Thomas Bernhards Fazit: »Gemessen am Tod ist alles lächerlich.« Ich interpretiere das für mich so: Angesichts des Ernstes unserer existenziellen Definition vom Tod her ist es unvernünftig, Zeit an Griesgram zu verschwenden, nicht nach dem »Carpe-diem«-Prinzip zu leben.

Dass Rilke Recht hat und »alles Schöne nur des Schrecklichen Anfang« ist, will ich nicht, verkehre es und lasse alles Schreckliche des Schönen Anfang sein. Kierkegaard hilft dabei mit: »Er empfing meine Wünsche und Begierden, tauschte sie für mich um in himmlischen Trost und heilige Gaben.« Auch mich überzeugen Lebensentwürfe nicht, die nur ästhetisch, beliebig, »unkonzentriert« sind, auch mir bleibt die ethische Haltung als alleiniger Antrieb zur Selbsterforschung und Sinn des Lebens mangelhaft, denn sie sei »unfähig, das Phänomen des religiösen Glaubens zu erfassen«, das Kierkegaard »die höchste Leidenschaft in einem Menschen« nennt.

Alles deutet darauf hin, dass mit seinem Sinn des Lebens der religiöse Mensch besser dran ist als derjenige, der über sein irdisches Ende nicht nachzudenken wagt und in dem die Unzulänglichkeit des Diesseits kein transzendierendes Verlangen weckt. Ich will mich über meine kreatürliche Lebensanhänglichkeit hinausfantasieren, um meine kreatürliche Todesangst

in eine Vorfreude zu verwandeln, mir und meinen Lieben die
»himmlischen Vorhöfe« in der »zukünftigen Stadt« ausmalen.
»Verliebt ins Neue« sein wie der alte Bloch, wie das Kind im
Theater sein, das neugierig den Vorstellungsbeginn kaum ab-
warten kann; in der kindlichen Variante von Karl Barth, für den
nach dem Tod »der Vorhang erst richtig aufgeht«. Darin erkenne ich den einzig ernst zu nehmenden Sinn meines Lebens.

Der unentbehrliche Glaube

Oh ja, hundert Mal und tagtäglich auf der Flucht aus den diesseitigen Sinnlosigkeiten stimme ich überein mit Kierkegaards »Sprung in die Freiheit«, und das ist bei ihm und mir allein der Glaube: Kindlich einfach wie er und gleichzeitig erwachsen mit extremem Pathos, sage ich ihm beide Bekenntnisse nach, das ergreifend einfache: »Ich glaube, weil mein Vater es gesagt hat.« Und das erwachsen passioniert-radikale: »Der christliche Glaube ist die höchste Leidenschaft in einem Menschen.« Abgekühltere Argumente sind mir zu lahm und ohne Gebrauchswert für die Sinn und Ziel suchende Seele, alles das, was das Christentum selbstverständlich auch ist: Fundament abendländischer Kultur, Denkbasis der Philosophie, Ideenlieferant der Künste. Auch ethische, rationalisierende, heroisierende und ästhetische Bestimmungen bleiben mangelhaft. Der Glaube soll mir existenziell so unentbehrlich sein, wie er das als Inspirationsquelle für die Erbauer schöner Kirchen, Musik von Johann Sebastian Bach, Luthers poetische Kraft als Bibel-Übersetzer, insgesamt für die Künste war. Diese Beeinflussungsvehemenz, mit der er auf die einstige Geisteswelt einwirkte, hat sich abgeschwächt, dann verloren. Das Religiöse kam in Zivilisation und Gesellschaft und im aktuellen Geistesleben zur matten Behauptung herunter, reduziert auf »Ethikräte«, verwaschenen Synkretismus.

Pascal fand Atheisten dumm, Kant unvernünftig. Paulus hatte »Lust, abzuscheiden«. Gadamer hätte sich für töricht gehalten beim Nein zum Glauben. Das wäre für mich so, als lieferte ich mich der Verzweiflung aus, käme mir selber, meiner Familiengeschichte abhanden: nichts mehr übrig, nur noch das Nichts. Jesus Christus erzählt von »der Welt«, in der wir »Angst« haben, fährt jedoch mit dem Überlebensrettenden, den Tod tilgenden *Aber* fort: »... aber seid getrost, denn ich habe die Welt überwunden.« Sterbend kann ich damit leben.

In der Welt habt ihr Angst; aber seid getrost, ich habe die Welt überwunden

Johannes 16,33

Vor der Therapie steht, nichts beschönigend, die Diagnose: Es steht schlecht um den Patienten Welt. Die traurig-lapidare Wehrhaftigkeit empfinde ich als wohltuenden Kontrast zum Das-Leben-ist-wunderbar-Kommando, mit dem sich die *Fun*-Gesellschaft ihr Oberflächlichkeits-Alibi verschafft (auf der Wohlstandsseite des Planeten). Was lebt, ist vergänglich. Das Todesprogramm beginnt mit der Geburt. Mitten im Spaßhaben unter den angenehmsten Lebensbedingungen könnte uns der Atem stocken; Bert Brecht spricht vom »Lachenden«, der nur die schlechte Nachricht noch nicht erhalten hat.

Doch Jesus beruhigt uns mit seinem »Aber«, der Therapie, die friedensstiftend über unsere diesseitige irdische Vergänglichkeit hinausweist. Und wir wissen, wie und durch wessen Gnade er die Angst in der Welt »überwunden« hat. Die Todesangst in eine neugierige Vorfreude umzuwandeln – als gehe es um Ferien, Freiheit: aber für immer! –, das wäre intelligent, das könnte unser Ziel sein.

Gottes Frieden

Freuet euch in dem Herrn allewege, und abermals sage
ich: Freuet euch. Eure Lindigkeit lasset kund sein allen
Menschen. Der Herr ist nahe. Sorget nicht, sondern in
allen Dingen lasset eure Bitten im Gebet und Flehen
mit Danksagung vor Gott kund werden. Und der
Friede Gottes, welcher höher ist denn alle Vernunft,
bewahre eure Herzen und Sinne in Christo Jesu.

Philipper 4,4–7

Diese Ermutigung und Beschwichtigung kommt einem Weck-
ruf gleich, und großes Glück haben wir, wenn sie uns mitten im
ganz gewöhnlichen Erdenelend der ängstlichen Verzweiflung
über unsere Vergänglichkeit überrascht. Die Epiphanie des
Paulus, die auch ihn aus einem Zusammenhang gerissen zu haben scheint und etwas von einem Überfall hat, weist über den
Tod hinaus in die Freiheit, und solang wir die nicht haben –
und wir werden sie lebenslänglich nicht haben –, beruhigt uns
die Zusicherung: »Der Herr ist nahe.« Es geht nicht um eine
Freude über dieses und jenes, um die kleinen irdischen Glücks-
momente. Vielmehr lässt uns in seinem unerklärbaren Ausbruch der Apostel den plötzlich nicht mehr verborgenen Gott
erkennen.

Aber wenn wir auch noch so oft einsehen müssen, an wie
viele Grenzen unser Verstand stößt und nicht weiterkann, fällt
es uns schwer, über ihn hinaus zu glauben, was wir nicht verstehen. An Gottes höher als unsere Vernunft angesiedelten Frieden, von dem Paulus hier spricht und den wir zu Lebzeiten
nicht verstehen, dann eben zu *glauben*. Das setzt ein Vertrauen
voraus, gegen das das bisschen Verstand doch wieder eine
Sperre errichtet. Gottes Frieden, er könnte uns trösten, aber es
bleibt meistens beim Konjunktiv: ja gut, er *könnte*, wenn nicht

unsere niedrig angesiedelte Vernunft, der kleine kreatürliche Erdenverstand, doch immer von Neuem Einspruch erhöbe. Es nützt uns Martin Luthers fundamentales Gebet: »Herr, ich glaube. Hilf meinem Unglauben.« In diesem Widerspruch müssen wir leben, unserer Hinfälligkeit bewusst, mit Krankheiten, Ängsten, mit der Sorge … »Sorget *nicht* …«, heißt es bei Paulus … und deshalb, und erst recht in zaghaften Augenblicken, sollten wir die Aufforderung an die Philipper memorieren. Eine bessere Nachricht gibt es nicht.

Cicero, für den ein glückliches Leben die Freiheit von Sorge ist, hätte sich mit ihr beschäftigt. Kierkegaard, bei dem die Sorge das Verhältnis zum Leben ist, der Glaube ein Sprung in die Freiheit, hat es getan. Mitempfindend ruft er aus: »Es gibt eine *unbeschreibliche* Freude, die uns unerklärbar durchglüht …, unbegründbar hervorbricht … der Seele vollgültiger Ausruf … ein himmlischer Kehrreim.« Es verlockt, sich aus den Fesseln unserer kleinen Vernunft zu retten in göttlichen Frieden, und stattdessen unsere irdischen Nichtigkeiten, das Übel, von dem das Vaterunser spricht, die Sorge an Dank und Gebet zu delegieren. Warum soll ich mich denn grämen, wie das Kirchenlied fragt? Was habe ich dann noch zu befürchten? In dieser Erleuchtung tilgt Paulus die Todesangst. Mitsprechen hilft.

Wie alt wollen wir werden?

»Ewiges Leben« wird es schon nicht sein, das uns Biologen und Mediziner bescheren, aber wenn sie die gewöhnlichen Schrecken von Alter und Krankheiten zu minimieren imstande sein würden, wäre mir das nur allzu recht. Elendsszenen von hilflos-hinfälligen Greisen in Pflegestätten müssen ja verstören, und schon nach ersten Erfahrungen damit kann ich meinem eigenen Altern keinerlei Reiz abgewinnen. Körperliche Defizite sind schon im Anfangsstadium eine lästige Zeitverschwendung, weitere Einbußen verlocken mich nicht im Geringsten – warum also sollte ich das Altern und mit ihm zunehmende Unselbstständigkeit, Abhängigkeit verklären? Von den mit ihrem Heruntergekommensein Geschlagenen, ja Entwürdigten wird man gewiss keine Liebeserklärung ans Alter hören. Also, und Gott, wenn er wirklich für die Schöpfung der Fehlkonstruktion Mensch verantwortlich sein sollte (ich schätze seine Qualifikationen sehr viel höher ein!), Gott nimmt es mir nicht übel, wenn ich erkläre: Ja, zögern wir es hinaus. So lang wie möglich. Lassen wir die Demütigungen des Alterns am besten gleich ganz weg. Und genauso wenig sehe ich einen Verstoß gegen christliche Demut im Bestreben, Krankheiten zu eliminieren. Seit geforscht wird, geschah das. Wer das Leiden welcher Art auch immer idealisiert, beleidigt die Leidenden. Es wird, was immer Menschen dagegen unternehmen, genug davon übrig bleiben und damit auch Grund genug zur Hoffnung auf Erlösung im nicht mehr dem Kreatürlichen zugänglichen, dem wahren Ewigen Leben.

Was mir die Auferstehung Christi bedeutet

Christi Auferstehung ist für mich das Zentrum nicht nur der Ostergeschichte, vielmehr konzentrieren sich in ihr alle biblischen Texte zur Frohen Botschaft. Wie könnte es anders sein? Bei einer Überlebensrettung? Christi Auferstehung, die unsere eigene verheißt, erlöst hin zur Freiheit von der Todesangst, aus der eine Todesvorfreude werden müsste: mein tägliches Bestreben, dieses wichtigste Ziel zu erreichen. In der Auferstehung erfüllt sich Gottes Zusage an uns: »Kommt wieder, Menschenkinder.« Paulus an die Kolosser 2,12: »... in welchem ihr auferstanden seid ...« Und dass der Apostel im Imperfekt schreibt, erinnert mich an einen Theologen, der mir gesagt hat, wir seien bereits Erlöste, und zwar durch Christi Tod am Kreuz und seine Auffahrt zum Himmel, erlöst zu Lebzeiten. »Tod, wo ist dein Stachel?«, brauchten wir eigentlich nicht mehr zu fragen, wären wir nicht doch gleichzeitig mit allen Geistesanstrengungen immer wieder auf unsere kreatürlichen, diesseitigen Überlebensstrategien zurückgeworfen. Trotz Paulus in Römer 6,5: »So werden wir seiner Auferstehung gleich sein.« (Der Stachel bleibt das Sterben, demgegenüber hat das bangende Verzagen sein Recht.) Doch Gott, der von uns nur (nur!) den Glauben will, versteht auch unsere Unsicherheit, und Jesus sagt: »In der Welt habt ihr Angst ...« Das tut gut als lapidare Auskunft über uns. Noch besser tut es uns, weiterzulesen: »... aber seid getrost, ich habe die Welt überwunden.« Sein Rat, »getrost« zu sein, verspricht auch hier wieder unsere eigene Weltüberwindung. Karl Barth sieht in der Auferstehung Gottes Gnadengabe, durch sie »kam das ewige Leben in die Welt«. Und: »Ich sage das dem Apostel Paulus nach, der es immer wieder gesagt hat: Der Herr ist auferstanden, wahrhaftig auferstanden, aber in und mit ihm wahrhaftig auch wir.« Im Vertrauen auf die Auferstehung kann ich Heimweh, Sehnsucht, Verlangen nach Unvergänglichkeit wohnlich einquartieren. Und wenn Goethe recht hat (ich finde: ja!) und »alle diejenigen auch für dieses Leben schon tot sind, die kein anderes hoffen«, muss ich, bei so maximal hochgesteckter Erwartung, ganz außergewöhnlich lebendig sein, auch in diesem Leben vorerst; im anderen, besseren aber um noch nicht vorstellbar vieles mehr. Es geht bei Christi Auferstehung um alles oder nichts. Ich entscheide mich für alles.